코바늘로 뜨는
우아한 손뜨개 꽃
Crochet Flowers Book

Contents

| p.4 칼랑코에 |  p.5 크로웨아 |  p.6 비올라 |  p.7 네모필라 |

| p.8 블루데이지 |  p.9 캐모마일 |  p.10 마트리카리아 |  p.11 마멀레이드 부시 |

| p.14 치자나무 |  p.15 글로리오사 |  p.16 수국 |  p.17 애나벨 |

Arrangement —응용 작품—

p.6
비올라 목걸이

p.16
수국 귀걸이

p.17
애나벨 귀걸이

p.21
월하미인 비녀

p.27
벚꽃 반지

자수실로 뜨는 코바늘 꽃 도감집.
오가닉 울 100%의 ECO VITA 자수실로 뜬 꽃을 소개합니다.
따뜻한 느낌의 우아하고 생생한 꽃을 떠볼까요?

p.18 채송화　　p.19 백일홍　　p.20 장미　　p.21 월하미인

p.24 해바라기　　p.25 접시꽃　　p.26 목련　　p.27 벚꽃

p.28 서양산딸나무　　p.29 라일락　　p.30 블랙베리　　p.31 왁스플라워

Other contents

p.32　　이 책에서 사용한 자수실 소개
p.33-37　　Basic·Point Lesson
p.76-79　　코바늘뜨기의 기초
　　　　　그 밖의 기초 Index

Kalanchoe

칼랑코에

Data
돌나물과 칼랑코에속
개화 시기: 11월~4월　　크기: 10cm~3m
꽃말: 너그러운 사랑

How to make … p.38

Small crowea

Design & Making … 가와이 마유미

크로웨아

Data
운향과 크로웨아속
개화 시기: 10월~4월   크기: 30cm~3m
꽃말: 광휘

How to make … p.40, 41

Viola

비올라

Data
제비꽃과 제비꽃속
개화 시기: 2월~5월   크기: 10cm~20cm
꽃말: 성실

How to make … p.39

Design & Making … 후 케이토

Arrangement
비올라 목걸이

Nemophila

Design & Making … 가와이 마유미

네모필라

Data
물잎풀과 네모필라속
개화 시기: 3월~5월   크기: 20cm~30cm
꽃말: 첫사랑

How to make … p.42, 43

Blue daisy

Design & Making … 가외이 마유미

블루데이지

Data
국화과 펠리시아속
개화 시기: 3월~6월   크기: 20cm~40cm
꽃말: 순정

How to make … p.44

Chamomile

Design & Making … 후 케이토

캐모마일

Data
국화과 족제비쑥속
개화 시기: 3월~7월   크기: 10cm~60cm
꽃말: 역경 속의 활력

How to make … p.45

Matricaria

마트리카리아

Data
국화과 쑥국화속
개화 시기: 5월~7월   크기: 30cm~80cm
꽃말: 깊은 애정

How to make … p.46, 47

Design & Making … 쇼네 시즈카

Marmalade bush

Design & Making ⋯ 쇼네 시즈카

마멀레이드 부시

Data
가지과 스트렙토솔렌속
개화 시기: 5월~7월　　크기: 50cm~3m
꽃말: 청춘의 추억

How to make ⋯ p.48, 49

Gardenia

Design ... 오카모토 케이크 *Making* ... fumifumi

치자나무

Data
꼭두서니과 치자나무속
개화 시기: 6월~7월   크기: 20cm~80cm
꽃말: 신념, 우아

How to make ... p.50, 51

Gloriosa

Design ⋯ 오카모토 케이코 *Making* ⋯ 유키무라 메구미

글로리오사

Data
콜키쿰과 글로리오사속
개화 시기: 6월~8월   크기: 50cm~3m
꽃말: 영광, 고귀한 마음
How to make ⋯ p.52, 53

CROCHET FLOWERS BOOK

Lacecap hydrangea

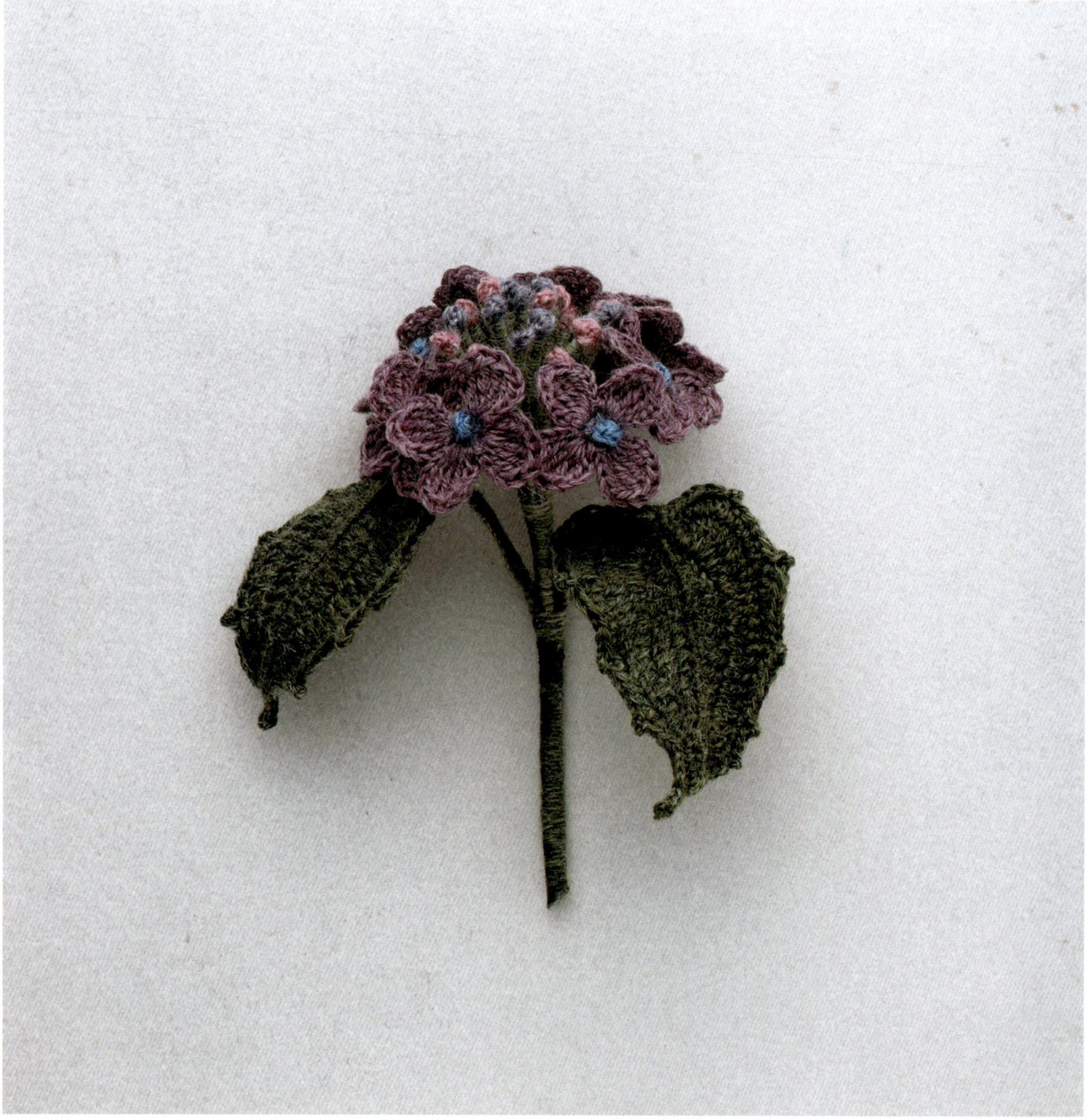

Design & Making … 소네 시즈카

수국

Data

수국과 수국속

개화 시기: 6월~8월　크기: 1m~2m

꽃말: 묵묵히 지켜주는 사랑

How to make … p.54, 55

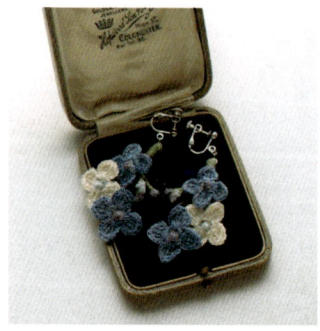

Arrangement

수국 귀걸이

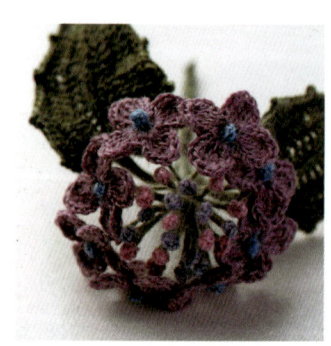

Annabelle hydrangea

Design & Making … 쇼네 시즈카

애나벨

Data
수국과 수국속
개화 시기: 6월~7월   크기: 1m~2m
꽃말: 한결같은 사랑
How to make … p.54, 55

Arrangement
애나벨 귀걸이

Portulaca grandiflora

채송화

Data
쇠비름과 쇠비름속
개화 시기: 6월 ~9월   크기: 10cm
꽃말: 인내, 천진, 가련

How to make ... p.56, 57

Design ... 오카모토 케이크 Making ... fumifumi

Zinnia

Design ··· 오카모토 케이코　*Making* ··· 유키무라 메구미

백일홍

Data
국화과 백일홍속
개화 시기: 6월~10월　크기: 30cm~90cm
꽃말: 행복

How to make ··· p.58, 59

Rose

장미

Data
장미과 장미속
개화 시기: 5월~6월, 9월~10월   크기: 10cm~10m
꽃말: 깊은 사랑

How to make ⋯ p 60, 61

Design & Making ⋯ 마쓰모토 가오루

Epiphyllum oxypetalum

Design & Making ···마쓰모토 가오루

Arrangement
월하미인 비녀

월하미인

Data
선인장과 공작선인장속
개화 시기: 6월~10월   크기: 1m~3m
꽃말: 신비로움

How to make ··· p.62, 63

22 CROCHET FLOWERS BOOK

Sun flower

해바라기

Data
국화과 해바라기속
개화 시기: 7월~9월   크기: 30cm~3m
꽃말: 동경, 열정

How to make ··· p.64, 65

Hollyhock

Design & Making … 마쓰모토 가오루

접시꽃

Data
아욱과 접시꽃속
개화 시기: 7월~9월   크기: 1m~2m
꽃말: 쾌유

How to make … p.66

Magnolia

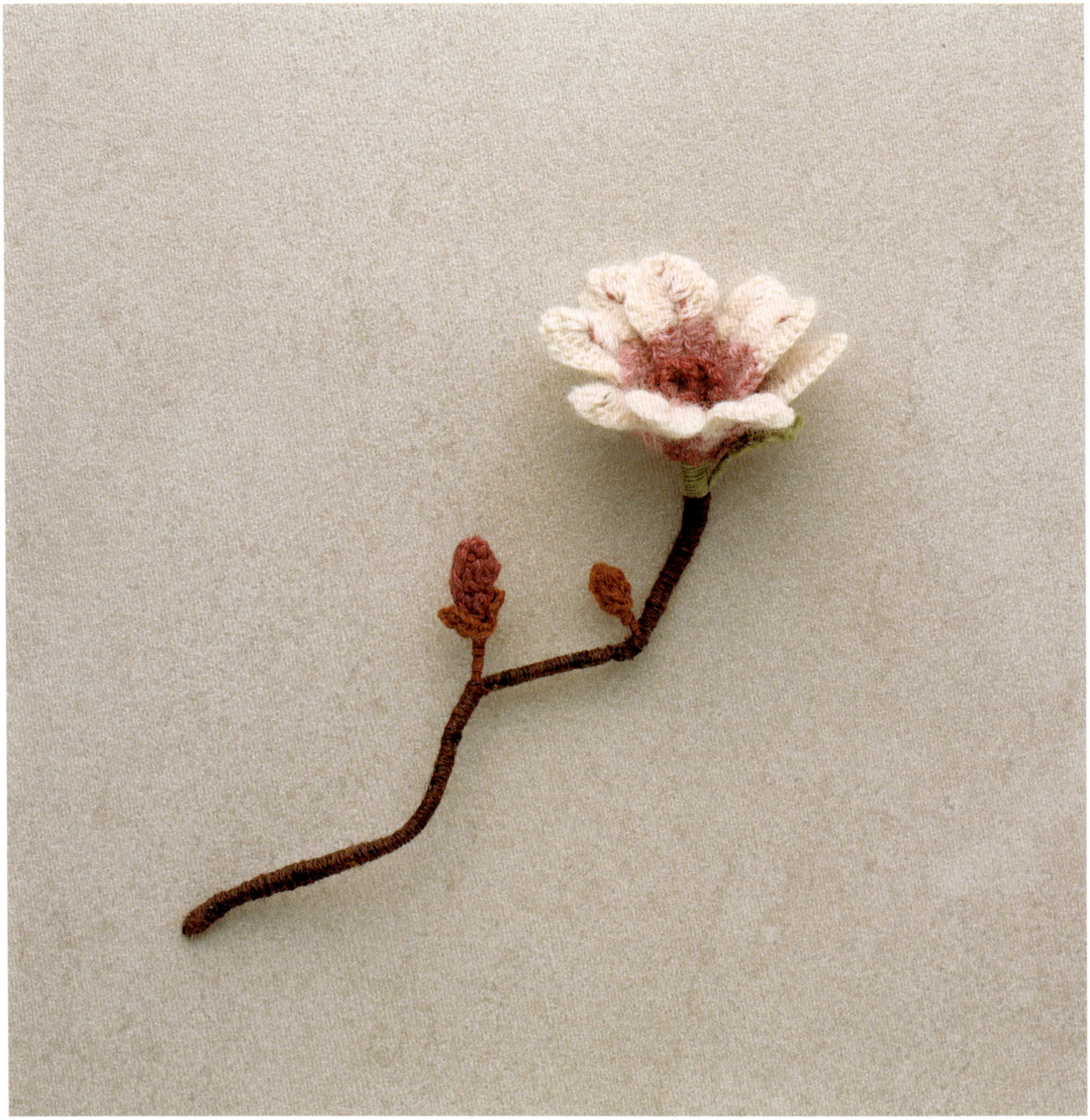

Design & Making … 후 게이토

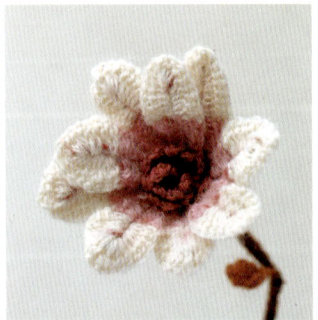

목련

Data

목련과 목련속

개화 시기: 3월~4월　크기: 2m~6m

꽃말: 신뢰, 은혜

How to make … p.67

Cherry blossom

Design & Making ... 노지마 유크

Arrangement
벚꽃 반지

벚꽃

Data
장미과 벚나무속
개화 시기: 3월~4월　크기: 2m~15m
꽃말: 순결, 장대한 아름다움

How to make ... p.68

CROCHET FLOWERS BOOK

Dogwood

서양산딸나무

Data
층층나무과 층층나무속
개화 시기: 4월~5월   크기: 5m~12m
꽃말: 연애에서 사랑으로 변하는 순간

How to make … p.69

Lilac

라일락

Data
물푸레나무과 수수꽃다리속
개화 시기: 4월~6월   크기: 30cm~1.5m
꽃말: 첫사랑의 추억, 겸허

How to make … p.70, 71

Blackberry

블랙베리

Data
장미과 산딸기속
개화 시기: 4월~5월   크기: 50cm~2m
꽃말: 향기롭고 진함
How to make … p.72, 73

Geraldton waxflower

Design & Making ... 노지마 유코

왁스플라워

Data
도금양과 카멜라우키움속
개화 시기: 4월~6월　크기: 30cm~60cm
꽃말: 섬세함, 사랑스러움
How to make ... p.74, 75

Material guide
이 책에서 사용한 자수실을 소개합니다.

DMC ECO VITA
에코 비타 자수실

(천연 염색, 오가닉 울) 울 100%
1타래 16m, 60색

001	002	003	004	005	006		501	502	503	504	505
101	102	103	104	105	106		601	602	603	604	605	606
201	202	203	204	205			607	608	609	610	611	612
301	302	303	304	305	306		701	702	703	704	705
401	402	403	404	405			706	707	708	709	710
406	407	408	409	410							

✻ 색상 번호는 2024년 11월 기준입니다.
✻ 인쇄물이므로 색상이 실제와 조금 다를 수 있습니다.

Basic Lesson 공통 기초

자수실 다루는 방법

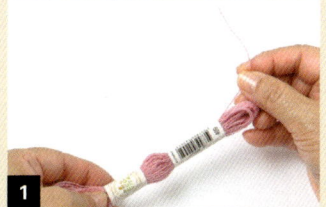
1

2

3

실꼬리를 잡아당긴다. 아래쪽(색상 번호 라벨 쪽) 고리를 누르고서 천천히 잡아당기면 엉키지 않고 쉽게 실을 뽑을 수 있다.

ECO VITA 실은 꼬임을 풀지 않고 그대로 사용한다. 라벨에는 색상 번호가 표기되어 있고, 같은 색을 추가로 구입할 때 필요하므로 실타래에 끼워두고 사용한다.

이 책의 모든 작품은 실 1올을 그대로 사용해서 뜬다.

꽃철사에 실 감는 방법

1
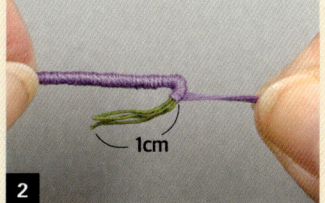
2
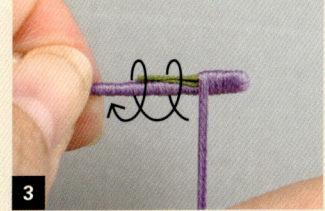
3

4

화살표와 같이 꽃철사에 실을 빈틈없이 촘촘히 감는다(a). 적당한 위치에서 와이어를 접는다(b). 이때 구부린 부분을 1cm 정도 남기고 여분의 꽃철사는 펜치로 자른다.

구부린 부분에 3바퀴 정도 가볍게 실을 감고, 펜치를 이용하여 빈틈을 메운다.

구부려서 접은 부분에 다시 실을 감는다.

접은 꽃철사의 윗부분까지 조금 더 감은 다음, 접착제로 고정하고 실을 자른다.

꽃에 꽃철사 붙이는 방법 — 비올라를 예로 들어 설명합니다.

1

2

3

4

화살표와 같이 꽃철사를 넣고 반으로 접는다.

꽃받침을 뜨고 남겨 둔 실을 화살표와 같이 꽃철사에 감는다.

지정한 위치까지 감은 다음, 잎 2장을 좌우에 두고 꽃철사 3줄을 합쳐서 실을 감는다.

모양을 잡으면서 꽃철사에 실을 감고 밑동에서 실을 마무리한다.

짧은뜨기로 꽃철사를 감싸는 방법 — 마멀레이드 부시의 잎을 예로 들어 설명합니다.

1
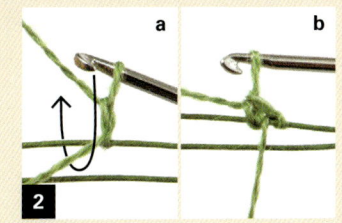
2

3

4

꽃철사를 반으로 접은 다음, 구부린 고리 쪽을 왼손으로 잡고 화살표와 같이 코바늘을 넣어 기둥코 사슬을 1코 뜬다.

사슬 1코를 떴으면(a), 이어서 꽃철사와 실꼬리를 감싸면서 짧은뜨기 1코를 뜬다(b). 이를 지정한 콧수만큼 반복한다.

뜨개바탕을 돌려서 잡고, 짧은뜨기의 뒤쪽 반 코를 주워 화살표와 같이 코바늘을 넣고 도안을 따라 반대쪽의 꽃철사를 감싸면서 뜬다.

잎의 절반을 뜬 모습. 다음은 사슬 2코를 뜨고, 남아 있는 반 코를 주워 화살표와 같이 코바늘을 넣고 도안을 따라서 뜬다.

CROCHET FLOWERS BOOK 33

1단을 되돌아가며 꽃철사를 감싸는 방법
글로리오사의 잎을 예로 들어 설명합니다.

1 기초코 사슬 16코와 기둥코 사슬 2코를 뜨고, 사슬의 코산을 주워서 잎을 1줄 뜬다.

2 사슬 1코를 뜨고 꽃철사를 옆에 댄다. 이어서 화살표와 같이 기초코의 반 코에 코바늘을 넣고, 꽃철사를 감싸면서 도안을 따라 뜬다.

3 꽃철사를 감싸면서 몇 코를 뜬 모습.

4 1바퀴 빙 둘러 떠서 꽃철사가 잎의 아래쪽으로 감싸진 모습. 이어서 도안을 따라 끝까지 뜬다.

기초코를 주워 짧은뜨기를 뜨면서 꽃철사를 감싸는 방법
칼랑코에의 잎을 예로 들어 설명합니다.

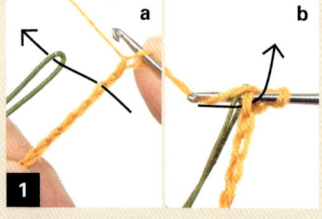
1 기초코 사슬 9코와 기둥코 사슬 1코를 뜨고, 사슬의 코산과 꽃철사를 주워 화살표와 같이 코바늘을 넣는다(a). 코바늘 끝에 실을 걸고 화살표와 같이 빼서 짧은뜨기를 뜬다(b).

2 꽃철사 2줄을 감싸면서 짧은뜨기 1코를 뜬 모습(a). 이어서 꽃철사를 감싸면서 몇 코를 더 뜬 모습(b).

3 1단을 모두 뜬 모습.

4 기둥코 사슬 1코를 뜨고, 화살표와 같이 기초코의 머리를 주워 코바늘을 넣고 짧은뜨기를 뜬다.

5 짧은뜨기를 뜬 모습. 다음 코부터는 전단의 뒤쪽 반 코에 화살표와 같이 코바늘을 넣고 1단을 뜬다.

6 다시 도안을 따라 진행하고, 2단의 되돌아가는 부분은 화살표와 같이 전단의 코에 코바늘을 넣고 1코 안에 긴뜨기, 한길 긴뜨기 3코, 긴뜨기를 뜬다.

7 도안대로 뜬 모습.

8 잎을 빙 둘러 뜨고 마지막에 피코뜨기를 한다. 사진은 잎이 완성된 모습.

앞쪽 반 코와 뒤쪽 반 코 줍는 방법

❋ 앞쪽 반 코를 주울 때

1 화살표와 같이 앞쪽 반 코의 실 1가닥을 주워서 뜬다.

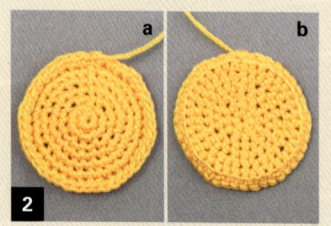
2 앞쪽 반 코를 주워 1단을 뜬 모습. a는 앞에서 b는 뒤에서 본 모습. 뒷면에 줍지 않은 뒤쪽 반 코가 남는다.

❋ 남아 있는 뒤쪽 반 코를 주울 때

1 앞쪽 반 코를 뜬 뜨개바탕을 앞으로 넘기고, 남겨진 뒤쪽 반 코의 실 1가닥을 화살표와 같이 주워서 뜬다.

2 남아 있는 뒤쪽 반 코를 주워서 뜬 모습. 뜨개바탕이 뒤쪽과 앞쪽으로 나뉘어서 떠진다.

❈ **뒤쪽 반 코를 주울 때**

1
화살표와 같이 뒤쪽 반 코의 실 1가닥을 주워서 뜬다.

2
뒤쪽 반 코를 주워 1단을 뜬 모습. 앞면에 줍지 않은 앞쪽 반 코가 남는다.

❈ **남아 있는 앞쪽 반 코를 주울 때**

1
화살표와 같이 남아 있는 앞쪽 반 코의 실 1가닥을 주워서 뜬다.

2
남아 있는 앞쪽 반 코를 주워서 뜬 모습. 뜨개바탕이 뒤쪽과 앞쪽으로 나뉘어서 떠진다.

뜨개 볼 조이는 방법 벚꽃의 꽃봉오리를 예로 들어 설명합니다.

1
지정한 위치까지 떴으면 실을 쉬어 두고 솜을 넣는다.

2
쉬어 둔 실로 다음 부분을 뜬다.

3
실꼬리를 돗바늘에 끼우고, 화살표와 같이 바깥쪽 반 코를 줍는다.

4
1바퀴 실을 통과시킨 모습(a). 이어서 다시 1바퀴 실을 통과시킨 다음 잡아당겨 조인다(b).

Point Lesson 작품별 포인트

크로웨아　Photo: p.5　How to make: p.40, 41

※ 알아보기 쉽게 실의 색상과 소재를 바꾸어서 설명했습니다.

꽃철사 붙이는 방법 (잎A·B 합치는 방법)

1
길게 남긴 실꼬리에 돗바늘을 끼우고, 꽃철사의 고리에 화살표와 같이 돗바늘을 통과시킨다.

2
꽃철사의 고리 안으로 돗바늘을 통과시켜, 여러 번 휘감아서 잎을 고정한다.

3
휘감은 실로 그대로 이어서 꽃철사에 감아 나간다. 이때 잎과 잎 사이의 걸쳐진 실도 함께 감싸면서 감는다.

4
꽃철사에 감아서 잎이 고정된 모습.

네모필라　Photo: p.7　How to make: p.42, 43

실 걸치는 방법 (잎 뜨는 방법)

1
끝부분의 잎 3장까지 떴으면 코바늘을 코에서 빼고, 고리를 크게 늘려서 실타래를 화살표와 같이 넣는다.

2
실을 당겨 조인다.

3
다음은 지정한 위치에 코바늘을 넣고, 코바늘 끝에 실을 걸어 화살표와 같이 뺀다.

4
뺀 실이 걸쳐 있는 모습. 걸쳐 있는 실이 조이지 않게 주의한다.

CROCHET FLOWERS BOOK　35

꽃의 4단 뜨는 방법

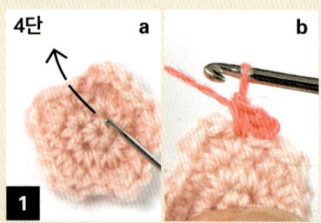

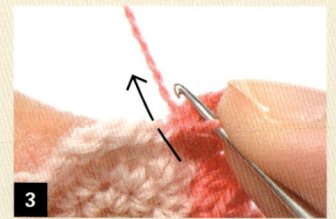

1. 화살표와 같이 지정한 코의 뒤쪽 반 코에 코바늘을 넣고(a), 기둥코 사슬 1코와 짧은뜨기 1코를 뜬다(b).

2. 다음 코부터는 전단 코의 머리 전체를 주워서 뜨는데, 뜨개 끝의 짧은뜨기는 앞쪽 반 코를 주워서 뜬 다음 실을 자른다. 사진은 1번째 꽃잎을 뜬 모습.

3. 2번째 꽃잎은 1번째 꽃잎의 뜨개 끝의 짧은뜨기에서 남은 뒤쪽 반 코를 화살표와 같이 주워서 뜬다.

4. ❷·❸을 반복하여 꽃잎 5장을 뜬다. 사진은 꽃이 완성된 모습.

수술 만드는 방법

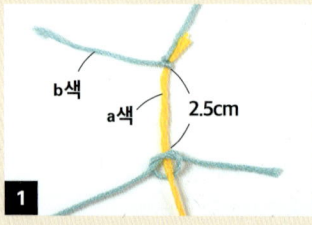
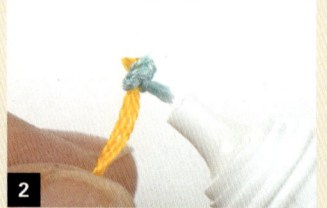

1. a색 실을 축으로 b색 실로 1곳을 2번 묶어서 매듭을 만든다. 사진은 2.5cm 간격을 두고 2번째 매듭을 만들기 위해 1번째로 묶는 모습.

2. 다음은 매듭 전체에 접착제를 바른다.

3. ❶·❷를 반복하여 사진과 같이 수술 3개를 만든다.

4. 반으로 접은 꽃철사에 수술 3개를 끼우고 반으로 접는다.

마트리카리아 Photo: p.10 How to make: p.46, 47

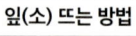

잎(소) 뜨는 방법

1. 세길 긴뜨기의 이랑뜨기를 뜬 다음, 코바늘 끝에 실을 걸고 화살표와 같이 코바늘을 넣어 1번째 한길 긴뜨기를 뜬다.

2. 사진은 미완성의 한길 긴뜨기(p.77 참조) 상태. 이어서 화살표와 같이 빼서 1번째 한길 긴뜨기를 뜬다.

3. 1번째 한길 긴뜨기를 뜬 모습.

4. ❶과 같은 코에 코바늘을 넣고 2번째 한길 긴뜨기를 뜬다.

잎(대) 뜨는 방법

1. 네길 긴뜨기의 이랑뜨기를 뜬 다음, 코바늘 끝에 실을 걸고 화살표 방향으로 코바늘을 넣어 1은 한길 긴뜨기, 2는 두길 긴뜨기, 3은 세길 긴뜨기를 뜬다.

2. 1번 화살표와 같이 코바늘을 넣고 한길 긴뜨기를 뜬 모습.

3. 2번 화살표와 같이 코바늘을 넣고 두길 긴뜨기를 뜬 모습.

4. 3번 화살표와 같이 코바늘을 넣고 세길 긴뜨기를 뜬 모습.

글로리오사 Photo: p.15   How to make: p.52, 53

꽃잎 뜨는 방법

1
2단은 사슬 3코와 기둥코 사슬 1코를 떠서 시작하고, 도안을 따라 사슬 3코에 지정한 기호를 뜬다.

2
실을 자르지 않고 이어서 1단의 기둥코(사슬 2코)에 화살표와 같이 코바늘을 넣고 (a) 짧은뜨기를 뜬다(b).

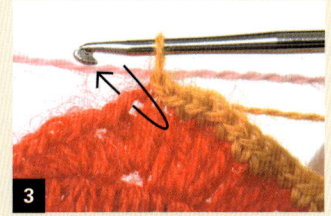
3
도안을 따라 다음 부분을 뜬다. 중간에 지정한 색상의 실을 빼뜨기로 연결하여, 색상을 바꾸어서 뜬다.

4
지정한 색상의 실을 빼뜨기로 연결한 모습.

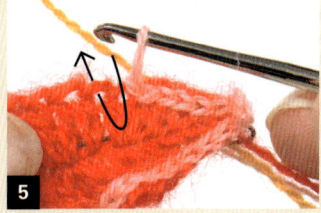
5
계속해서 도안을 따라서 뜨고, 다시 원래 색상으로 바꾸어서 화살표와 같이 빼뜨기를 한다.

6
화살표와 같이 코바늘을 넣고 도안을 따라 다음 부분을 뜬다.

7
2단까지 빙 둘러 뜬 모습.

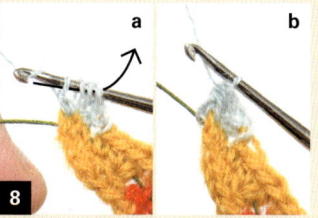
8
3단은 2단의 뜨개 실을 연결하여 기둥코 사슬 3코를 뜨고, 지정한 위치에 코바늘을 넣어 미완성의 한길 긴뜨기(p.77 참조) 3코를 뜨고(a), 코바늘 끝에 실을 걸어서 뺀다(b).

채송화 Photo: p.18   How to make: p.56, 57

꽃의 1·2단 뜨는 방법

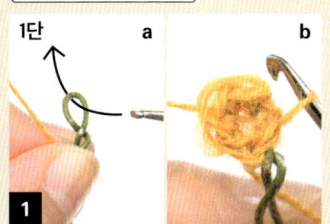
1
꽃철사를 구부려서 반으로 접고 화살표와 같이 코바늘을 넣는다(a). 기둥코 사슬 1코와 짧은뜨기 6코를 꽃철사의 고리에 떠서 1단을 뜬다.

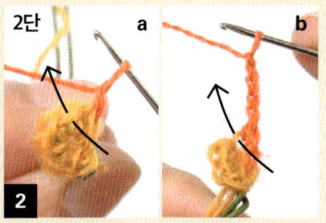
2
2단은 기둥코 사슬 1코를 뜨고, a의 화살표와 같이 코바늘을 넣어 앞쪽 반 코를 주워서 짧은뜨기 1코와 사슬 5코를 뜬다(b).

3
②와 같은 코의 앞쪽 반 코를 똑같이 주워서 짧은뜨기를 1코 뜬다. 사진은 1무늬를 뜬 모습.

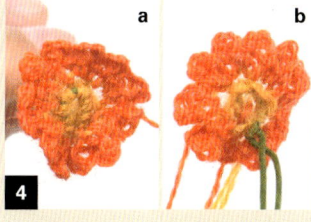
4
도안대로 한 바퀴를 빙 둘러 뜬 모습(a). 뒷면은 반 코가 남아 있는 상태(b).

해바라기 Photo: p.24   How to make: p.64, 65

꽃잎의 7단 뜨는 방법

1
꽃받침은 7단, 꽃잎은 6단까지 뜬 상태에서 다림질을 하여 모양을 정돈한다.

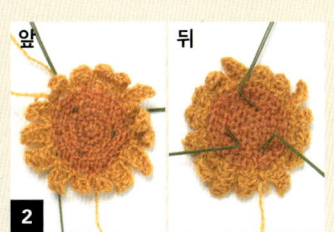
2
그런 다음 꽃심의 지정 위치 3곳에 각각 꽃철사를 사진과 같이 끼운다.

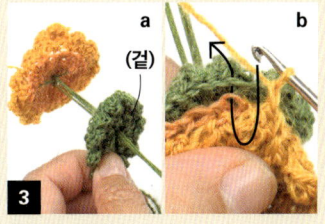
3
꽃철사 3줄을 하나로 합치고, 꽃받침 겉면이 바깥으로 나오게 하여 꽃철사에 끼운다(a). 꽃받침과 꽃의 뜨개바탕을 겹치고 화살표와 같이 2장에 각각 남아 있는 반 코를 한꺼번에 주워 짧은뜨기를 뜬다(b).

4
짧은뜨기를 1코 뜬 모습(a). b는 한 바퀴를 빙 둘러 떠서 꽃받침과 꽃잎이 합쳐진 모습. 이어서 꽃잎의 8단을 뜬다.

칼랑코에 Photo … p.4

재료
실: DMC 에코 비타
진초록 계열(709) 1타래, 주황 계열(305) 0.5타래, 노랑 계열(204) 조금
바늘: 레이스 코바늘 4호
그 밖의 재료
꽃철사 30호(18cm) 2줄, 30호(12cm) 7줄, 접착제 적당량
완성 크기 그림 참조

꽃 조립하는 방법

※ 같은 것을 7송이 만든다.

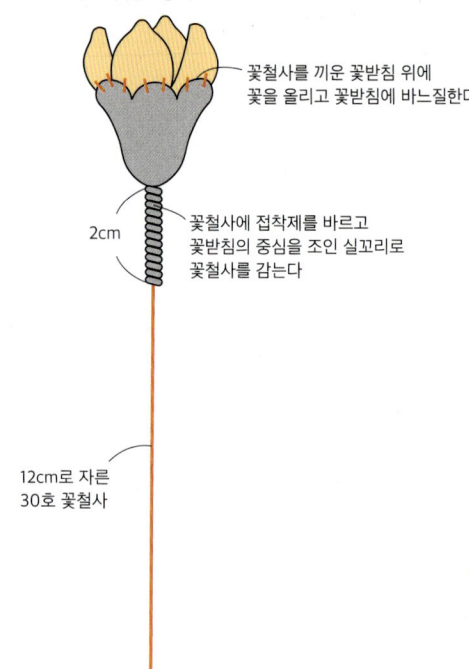

꽃철사를 끼운 꽃받침 위에 꽃을 올리고 꽃받침에 바느질한다

2cm

꽃철사에 접착제를 바르고 꽃받침의 중심을 조인 실꼬리로 꽃철사를 감는다

12cm로 자른 30호 꽃철사

꽃잎 305 7장

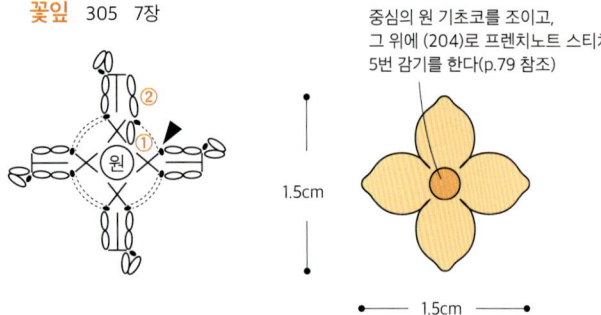

중심의 원 기초코를 조이고, 그 위에 (204)로 프렌치노트 스티치 5번 감기를 한다(p.79 참조)

1.5cm
1.5cm

꽃받침 709 7장

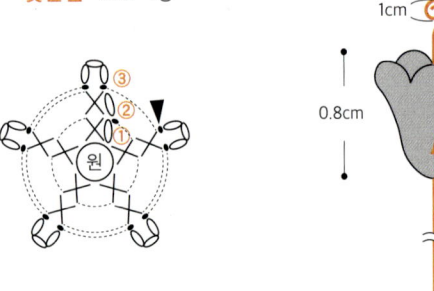

12cm로 자른 30호 꽃철사의 끝을 말아서 꽃받침에 끼운다

1cm
0.8cm

완성 그림

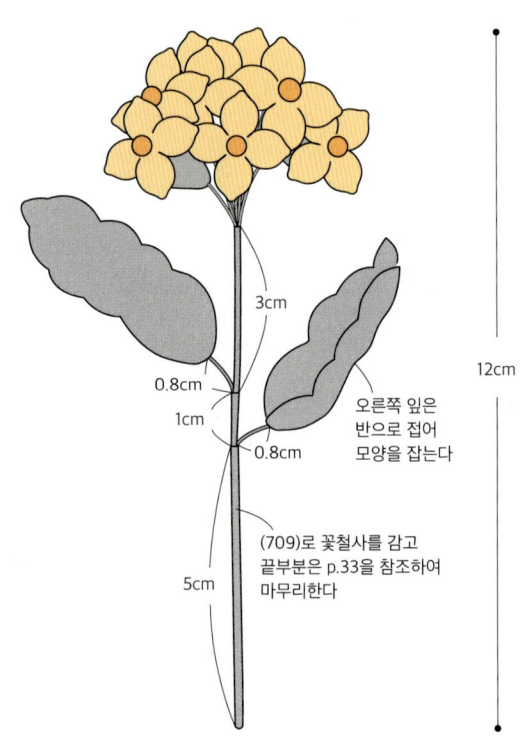

3cm
0.8cm
1cm
0.8cm
12cm
5cm

오른쪽 잎은 반으로 접어 모양을 잡는다

(709)로 꽃철사를 감고 끝부분은 p.33을 참조하여 마무리한다

잎 709 2장

① 18cm로 자른 30호 꽃철사를 반으로 접고 사슬뜨기의 코산을 주워서 꽃철사를 감싸 뜬다 (p.34 '기초코를 주워 짧은뜨기를 뜨면서 꽃철사를 감싸는 방법' 참조)
② 아래쪽 단은 사슬의 반 코를 주워 이랑뜨기를 뜬다

1cm
1.8cm
4.5cm

꽃철사에 감는다
뜨개 시작 사슬(9코) 기초코

비올라·비올라 목걸이 Photo … p.6

재료
실: DMC 에코 비타
a 비올라: 흰색 계열(001)·노랑 계열(202)·주황 계열(302)·보라 계열(408)·초록 계열(706) 각 0.5타래
b 비올라 목걸이: 하늘색 계열(604) 0.5타래, 보라 계열(605) 조금
바늘: 레이스 코바늘 0호

그 밖의 재료
a 비올라: 꽃철사 24호(20cm) 1줄, 28호(10cm) 1줄, 접착제 적당량
b 비올라 목걸이: O링(골드, 0.5cm) 1개, 목걸이(골드, 35cm) 1개
완성 크기 그림 참조

a 잎 706 2장
10cm로 자른 28호 꽃철사를 반으로 접고,
사슬의 코산을 주워서 도안을 따라 뜬다
아래쪽 단은 사슬의 뒤쪽 반 코를 주워서 뜬다

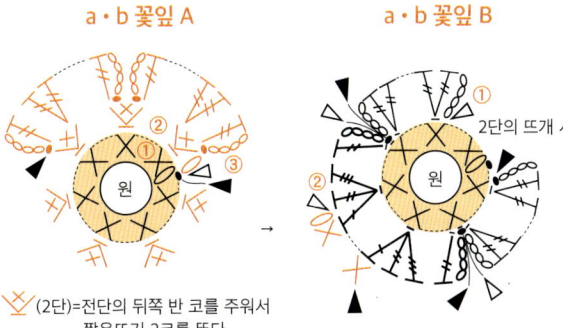

꽃잎 뜨는 방법

꽃잎a
① 1단은 (302)로 원 기초코를 만들어 짧은뜨기를 7코 뜬다
② 2단은 색상을 바꾸고 1단의 짧은뜨기 뒤쪽 반 코를 주워서 뜬다
③ 3단은 지정한 위치에 꽃잎을 2장 뜬다

꽃잎b
① 1단은 꽃잎a 1단의 앞쪽 반 코에 꽃잎을 3장 뜬다
② 2단은 지정한 위치에 짧은뜨기 2코를 뜬다

a 꽃잎 A, B의 배색

색상 No	
302	
408	
001	
202	

b 꽃잎 A, B의 배색

색상 No	
302	
604	
604	
604	

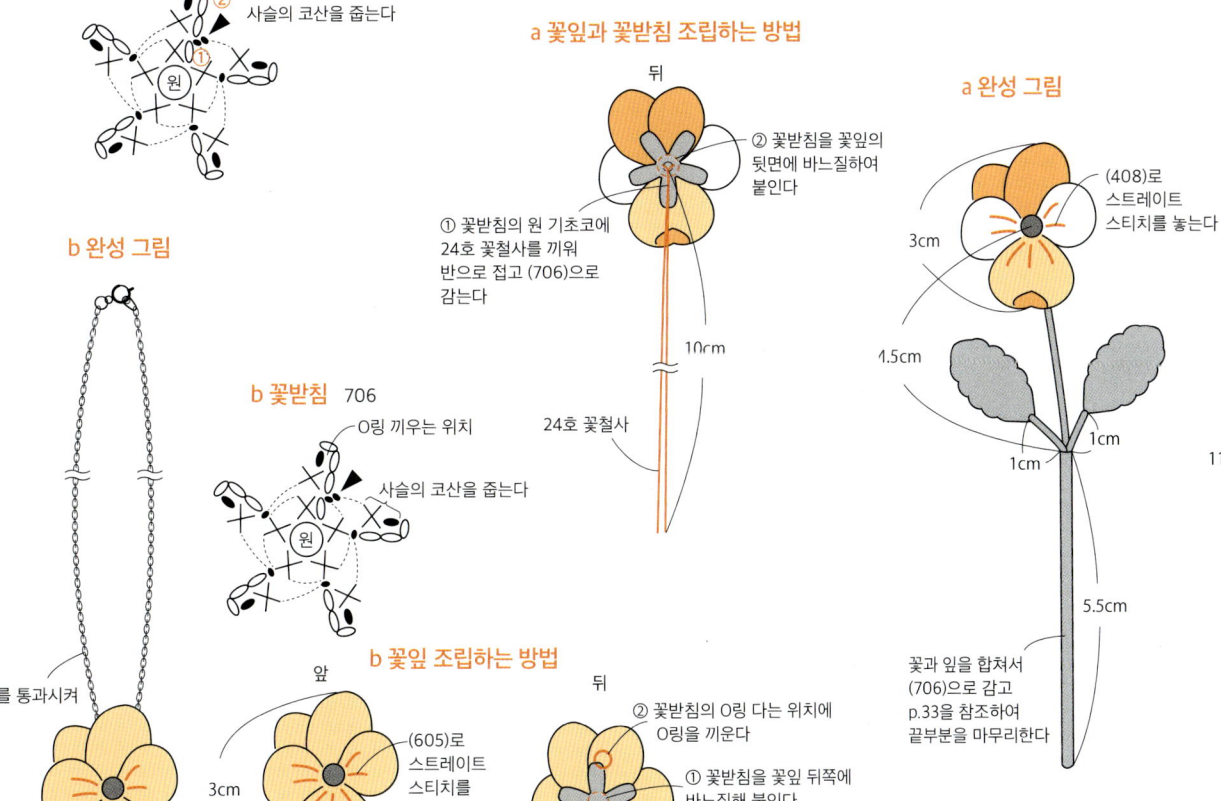

크로웨아

Photo ··· p.5   Point Lesson ··· p.35

재료
실: DMC 에코 비타
분홍 계열(404)·초록 계열(708) 각 0.5타래, 노랑 계열(201) 조금
바늘: 레이스 코바늘 4호
그 밖의 재료
꽃철사 25호(15cm, 14cm, 7cm) 각 1줄, (5cm) 2줄, 접착제 적당량
완성 크기 그림 참조

꽃과 꽃받침 조립하는 방법
꽃 a, b, c

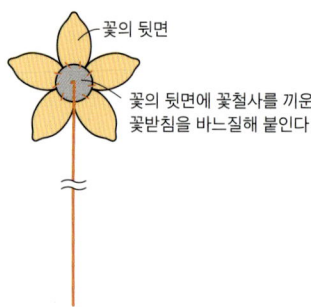

꽃의 뒷면
꽃의 뒷면에 꽃철사를 끼운 꽃받침을 바느질해 붙인다

꽃 404 3장

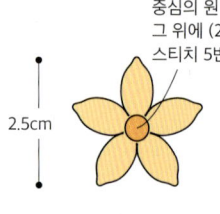

2.5cm × 2.5cm

중심의 원 기초코를 조이고, 그 위에 (201)로 프렌치노트 스티치 5번 감기를 한다(p.79 참조)

꽃받침 708 3장

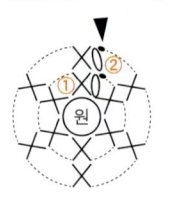

지정한 길이로 자른 25호 꽃철사의 끝을 구부리고 꽃받침의 조인 원 중심으로 통과시킨다

꽃철사 길이
꽃a=15cm
꽃b=14cm
꽃c=5cm

잎 A, B, C 708
※ 뜨는 방법은 p.35 '실을 걸치는 방법(잎 뜨는 방법)'을 참조

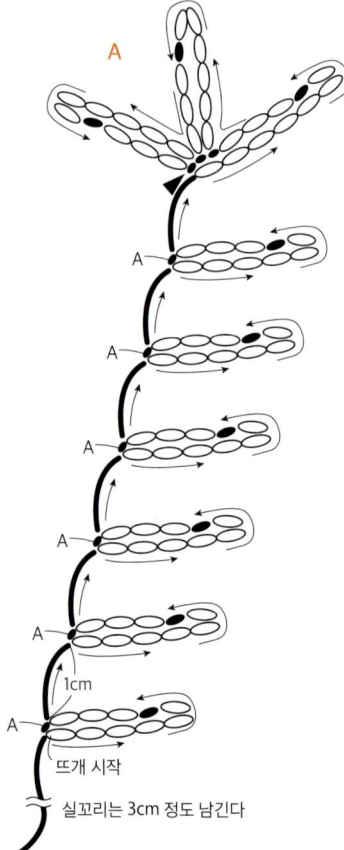

A
1cm
뜨개 시작
실꼬리는 3cm 정도 남긴다

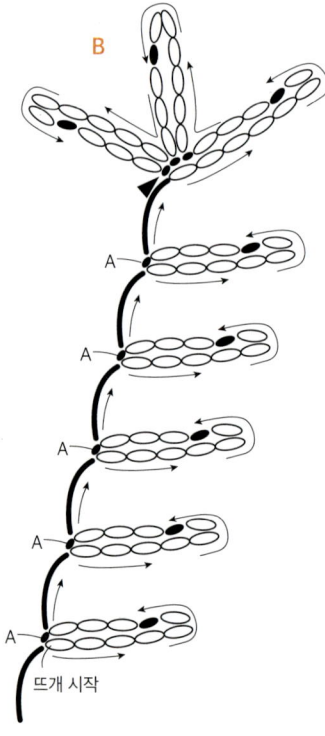

B
뜨개 시작

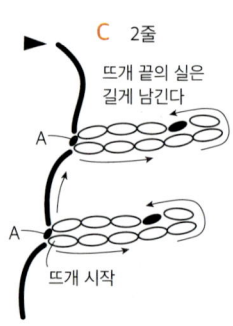

C 2줄
뜨개 끝의 실은 길게 남긴다
뜨개 시작

A=실 걸치는 방법
빼뜨기를 뜬 다음 실타래를 코에 통과시켜 조이고, 1cm 간격을 두고 다음 잎을 뜬다(p.35 참조)

꽃 a, b 조립하는 방법

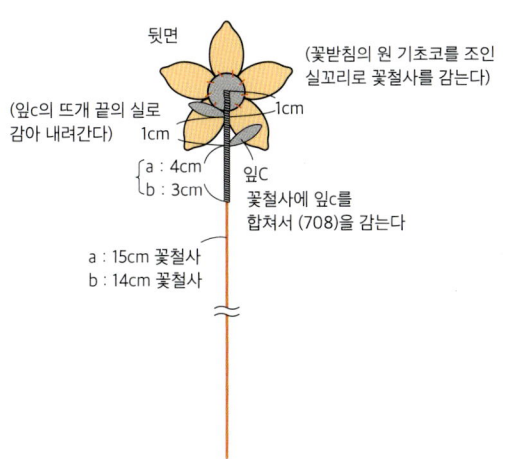

꽃 c 조립하는 방법

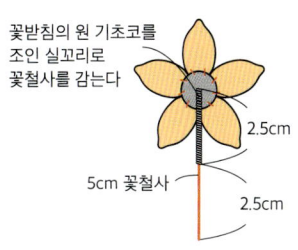

잎 A, B 조립하는 방법 (p.35 참조)

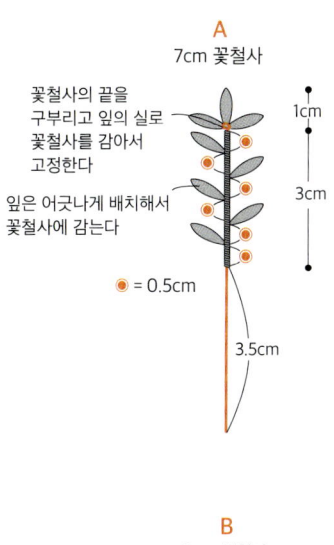

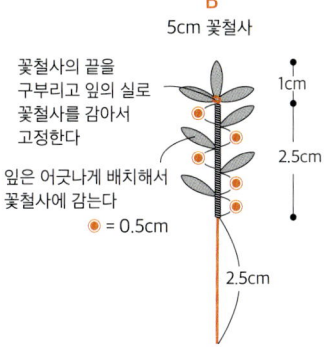

완성 그림

① 꽃과 잎을 합쳐서 (708)로 감는다.
② 끝부분은 p.33을 참조하여 마무리한다.

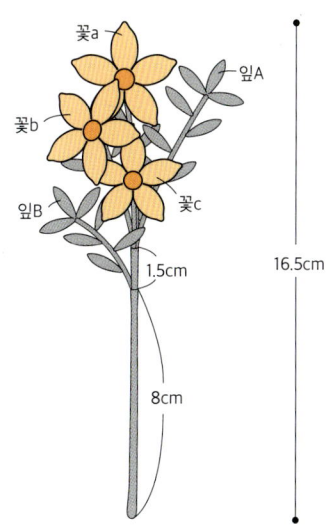

CROCHET FLOWERS BOOK　41

네모필라

Photo ··· p.7　　Point Lesson ··· p.35, 36

재료
실: DMC 에코 비타
남색 계열(606)·초록 계열(706) 각 0.5타래, 흰색 계열(001)·보라 계열(408)·하늘색 계열(604) 각 적당량
바늘: 레이스 코바늘 4호
그 밖의 재료
꽃철사 30호(8cm, 6.5cm, 5.5cm) 각 1줄, 20호(10cm) 1줄, 접착제 적당량
완성 크기 그림 참조

꽃받침〈꽃잎용〉 706
● 는 ○ 에 빼뜨기한다

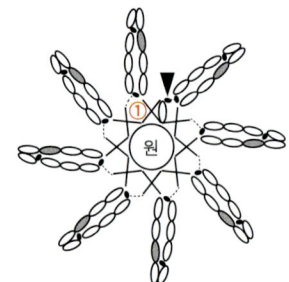

꽃받침〈꽃봉오리용〉 706
● 는 ○ 에 빼뜨기한다

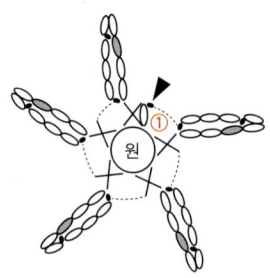

꽃봉오리 604

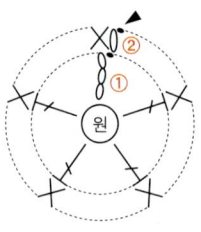

꽃
— = 606
— = 604

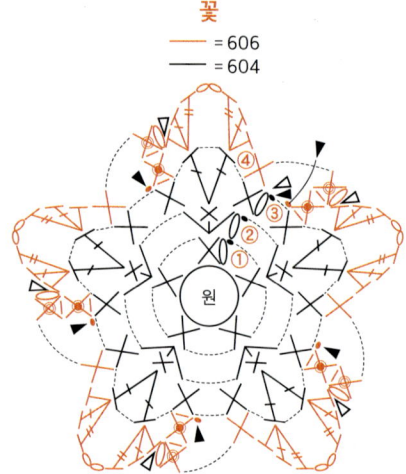

꽃 뜨는 방법
① 원 기초코에 짧은뜨기 5코를 뜬다
② 2단은 1단의 짧은뜨기 1코에 짧은뜨기 3코를 뜬다
③ 3단은 짧은뜨기와 한길 긴뜨기를 도안을 따라서 뜬다
④ 4단은 색상을 바꾸어 꽃잎을 1장씩 따로따로 뜬다
　　✕ 에 실을 연결하여 3단의 뒤쪽 반 코를 주워서 뜨고,
　　이어서 짧은뜨기를 1코 뜨고, 다음 꽃잎을 뜬다
　　✕ 는 ✕ 에서 남은 앞쪽 반 코를 주워서 뜨고, 실을 자른다(p.36 참조)

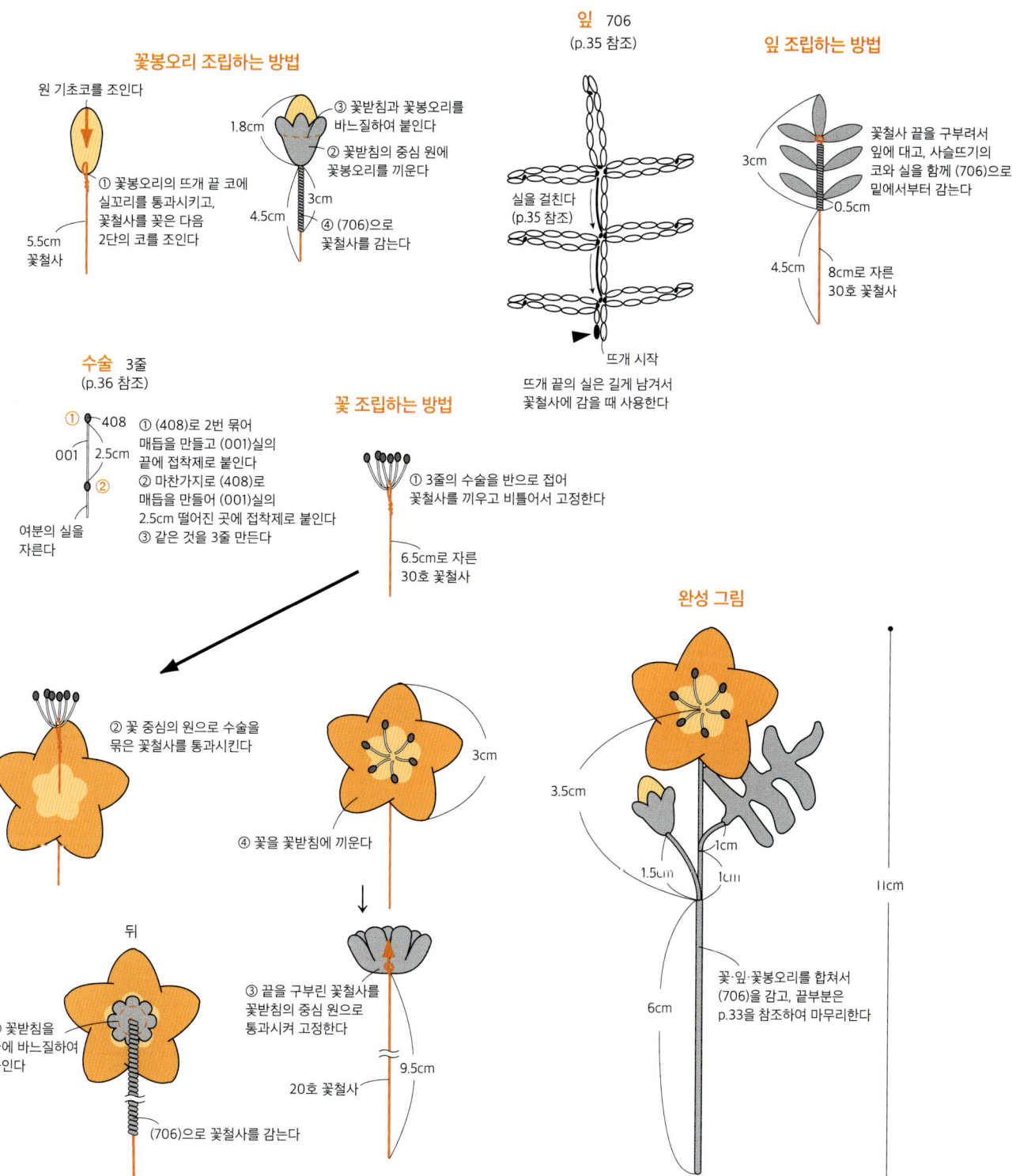

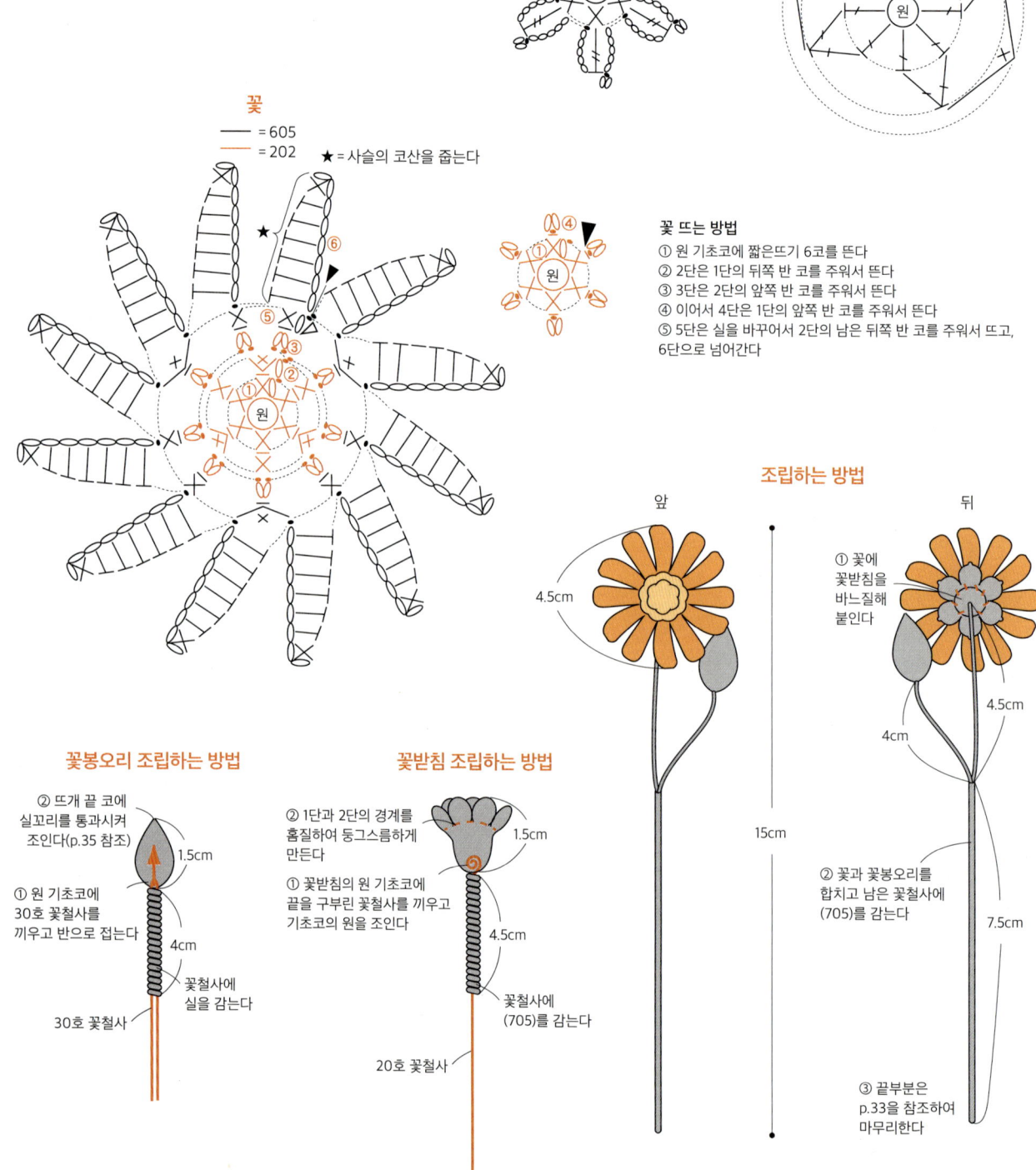

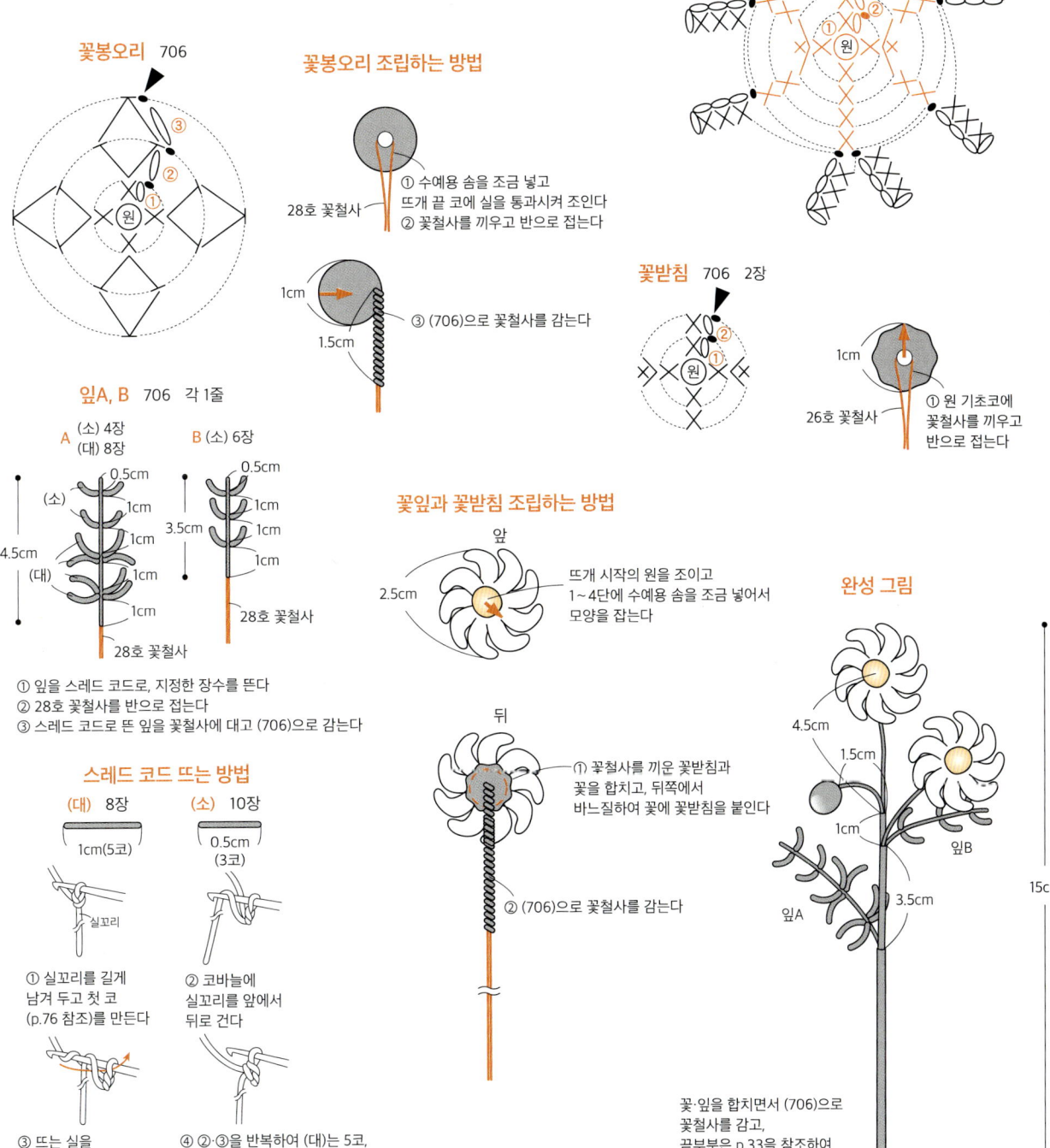

마트리카리아 Photo … p.10　Point Lesson … p.36

재료
실: DMC 에코 비타
초록 계열(706) 1타래, 흰색 계열(001)·노랑 계열(201)·연초록 계열(701) 각 0.5타래
바늘: 레이스 코바늘 2호, 10호
그 밖의 재료
꽃철사 26호(26cm) 5줄, 수예용 솜 조금, 접착제 적당량
완성 크기 그림 참조

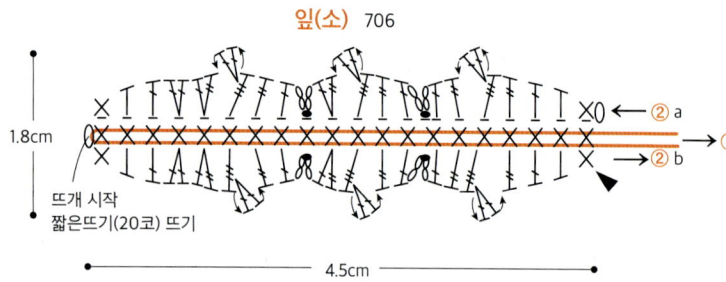

잎(대)(소) 뜨는 방법
① 1단은 반으로 접은 꽃철사를 감싸면서 짧은뜨기를 뜬다
2단의 a는 전단의 뒤쪽 반 코를 줍고, b는 남은 반 코를 주워서 뜬다
② 잎에 접착제를 얇게 발라서 굳힌다

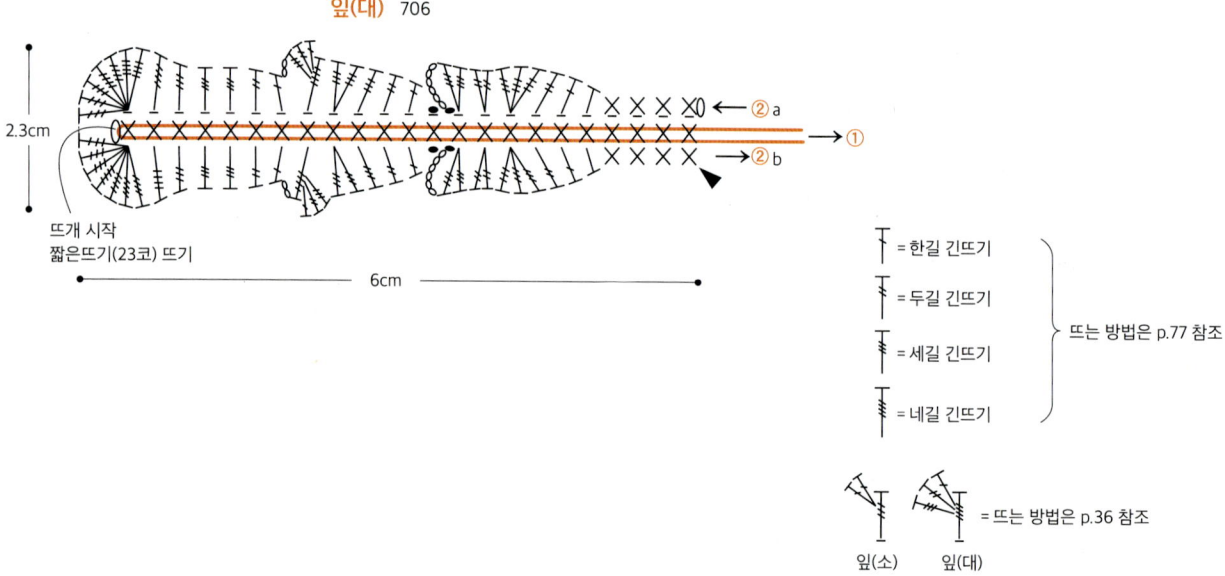

꽃(대)(소) 뜨는 방법

① 원 기초코에 짧은뜨기 6코를 뜬다
② 2단~4단은 전단의 앞쪽 반 코를 주워서 뜬다
③ 색상을 바꾸고 5단은 1단의 남아 있는 뒤쪽 반 코에 빼뜨기를 뜨고, 사슬 2코를 뜬다
④ 6단은 2단의 남아 있는 뒤쪽 반 코에 빼뜨기를 뜨고, 사슬 3코를 뜬다
⑤ 뜨개바탕을 뒤집고, 색상을 바꾸어 7단은 3단의 남아 있는 뒤쪽 반 코를 주워서 빼뜨기를 뜬다

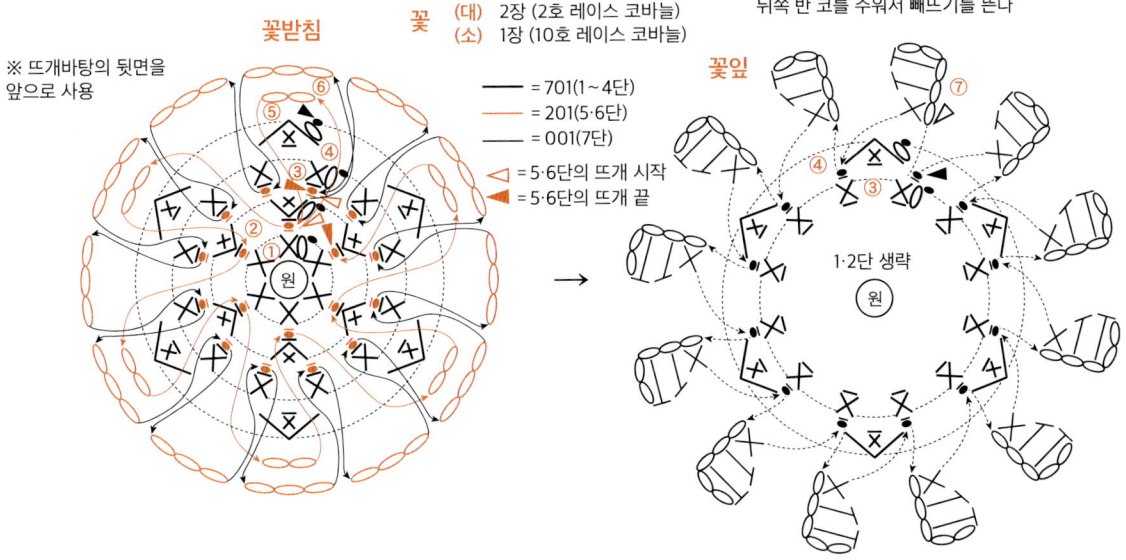

꽃받침   꽃 (대) 2장 (2호 레이스 코바늘)
         (소) 1장 (10호 레이스 코바늘)

※ 뜨개바탕의 뒷면을 앞으로 사용

━ = 701(1~4단)
━ = 201(5·6단)
━ = 001(7단)

△ = 5·6단의 뜨개 시작
▲ = 5·6단의 뜨개 끝

꽃잎

1·2단 생략

꽃 조립하는 방법

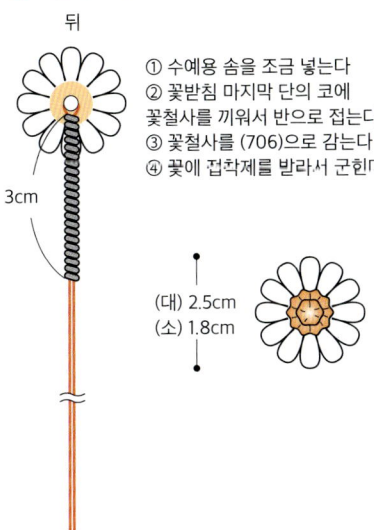

뒤

① 수예용 솜을 조금 넣는다
② 꽃받침 마지막 단의 코에 꽃철사를 끼워서 반으로 접는다
③ 꽃철사를 (706)으로 감는다
④ 꽃에 접착제를 발라서 굳힌다

(대) 2.5cm
(소) 1.8cm

3cm

완성 그림

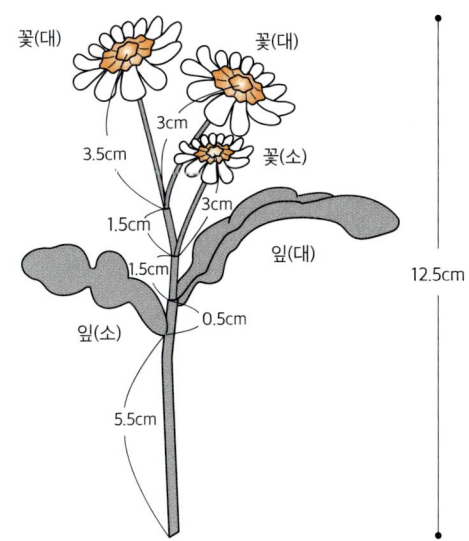

꽃(대)
꽃(대)
꽃(소)
3cm
3.5cm
3cm
1.5cm
1.5cm
잎(대)
0.5cm
잎(소)
5.5cm
12.5cm

CROCHET FLOWERS BOOK

마멀레이드 부시　Photo … p.11

재료
실: DMC 에코 비타
노랑 계열(202) 2타래, 노랑 계열(203)·빨강 계열(305)·주황 계열(306)·초록 계열(706)·황록색 계열(707) 각 1타래, 진초록 계열(705) 0.5타래
바늘: 레이스 코바늘 8호

그 밖의 재료
꽃철사 26호 13줄, 접착제 적당량
완성 크기 그림 참조

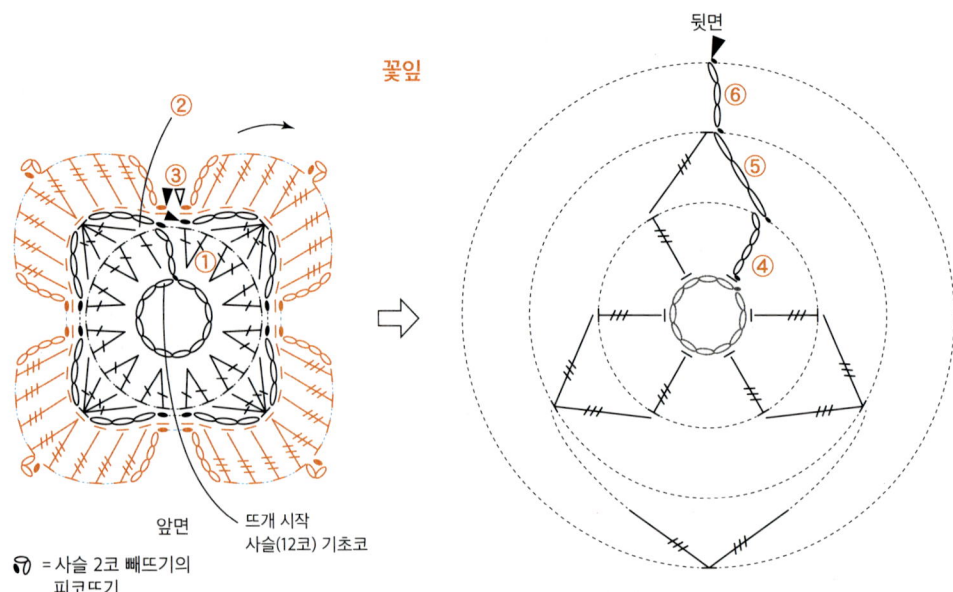

꽃잎

앞면
뜨개 시작 사슬(12코) 기초코
= 사슬 2코 빼뜨기의 피코뜨기

뒷면

꽃잎 뜨는 방법
① 1단은 기초코 사슬의 앞쪽 반 코를 주워서 뜬다
② 3단은 뜨개바탕을 뒤집고, 2단의 앞쪽 반 코를 주워서 뜬다
③ 4단은 기초코 사슬의 남아 있는 반 코를 주워서 뜬다

꽃잎의 배색·장수

	a	b	c
—	202		
—	203	306	305
장수	4장	3장	3장

꽃받침 a, b 707 7장
c 705 3장

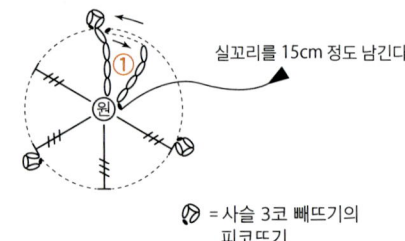

실꼬리를 15cm 정도 남긴다

= 사슬 3코 빼뜨기의 피코뜨기

잎 706 3장

뜨는 방법은 p.33 참조

암술·수술 10줄

암술·수술 만드는 방법과 꽃잎 조립하는 방법

① 꽃철사를 반으로 접는다
② 구부린 곳에 실을 연결하여 (707)로 암술 부분을 뜨고, 실꼬리를 남겨 둔다
③ ②의 양옆으로, 꽃철사에 (202)를 묶어 매듭을 만들고 접착제를 발라 굳힌 다음, 5mm로 자른다. 암술에서 남겨 둔 실꼬리로 꽃철사를 감는다
④ ③에 꽃잎과 꽃받침을 끼우고, 꽃받침에서 남겨 둔 실꼬리로 밑부분의 꽃철사를 2cm 감는다(남은 실은 꽃다발을 합칠 때 사용하므로 남겨 둔다)

꽃다발 조립하는 방법

같은 색의 꽃 2줄을 합치고,
각각의 꽃에서 남겨 둔 꽃받침의
실꼬리로 꽃철사를 감는다

⇩ A와 B로 나누어서 각각 합친다

조립하는 방법

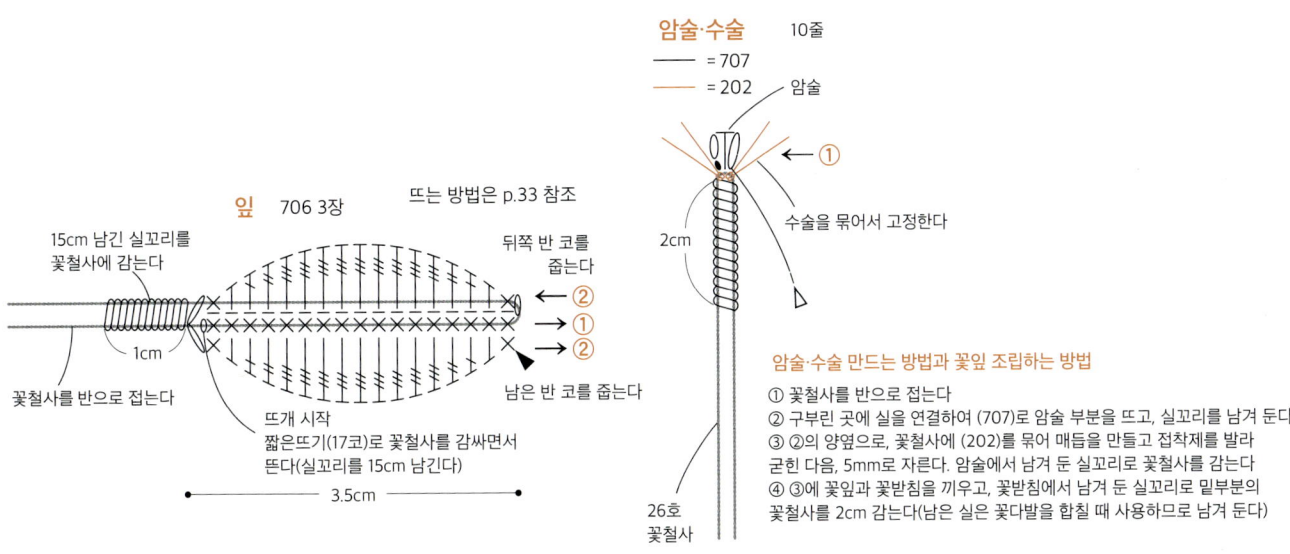

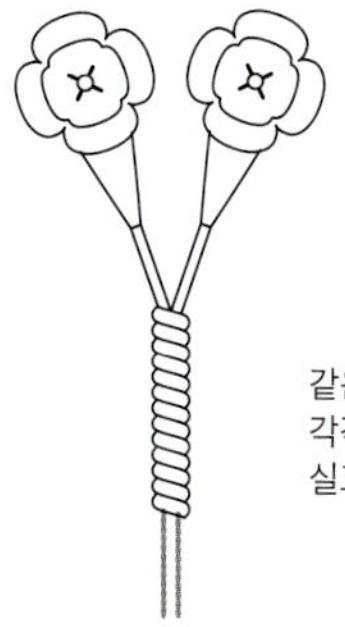

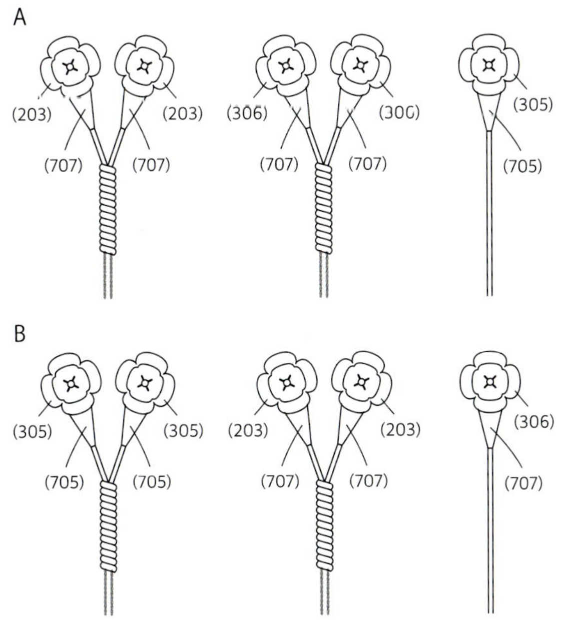

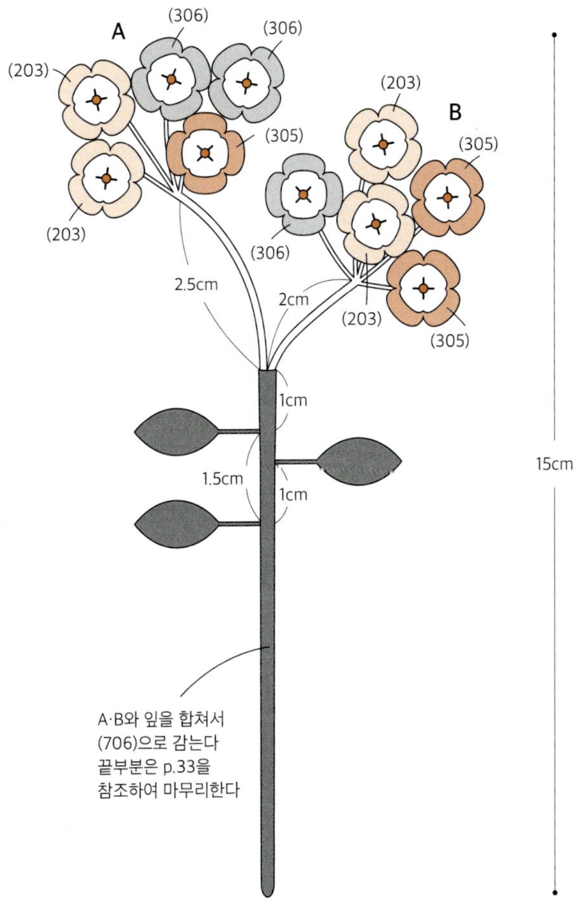

치자나무 Photo … p.14

재료
실: DMC 에코 비타
흰색 계열(001) 3타래, 초록 계열(709) 1.5타래
바늘: 코바늘 2/0호
그 밖의 재료
꽃철사 24호·20호 각 2줄, 수예용 솜 조금, 접착제 적당량
완성 크기 그림 참조

꽃받침A 709 1장

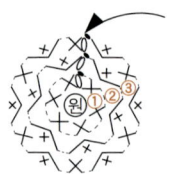

20cm 정도 실꼬리를 남기고 자른다

※ 뜨개 시작의 원은
줄기에 붙일 때 조인다

꽃받침A의 콧수

단수	콧수	늘림코
3	18	+6
2	12	+6
1	6	

꽃받침B 709 1장

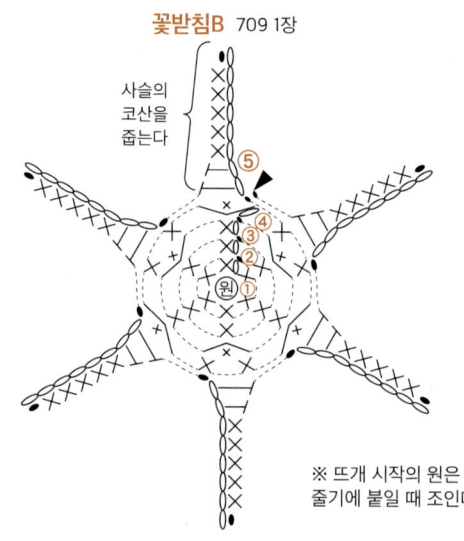

사슬의 코산을 줍는다

※ 뜨개 시작의 원은
줄기에 붙일 때 조인다

꽃받침B 1~4단의 콧수

단수	콧수	늘림코
4	12	+3
3	9	+3
2	6	
1	6	

잎 709 2장

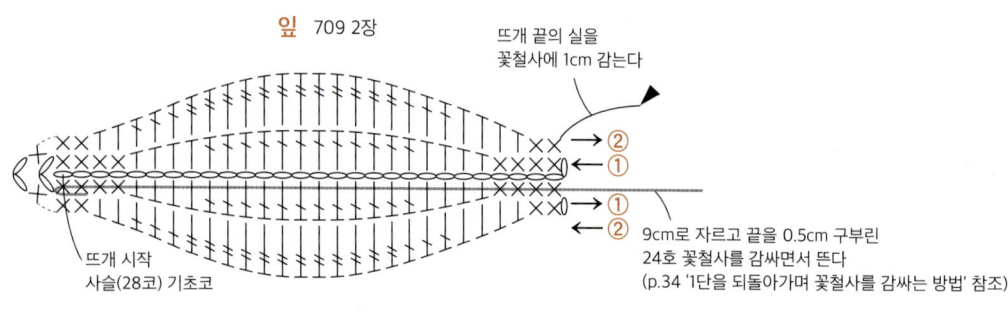

뜨개 끝의 실을
꽃철사에 1cm 감는다

뜨개 시작
사슬(28코) 기초코

8.5cm

9cm로 자르고 끝을 0.5cm 구부린
24호 꽃철사를 감싸면서 뜬다
(p.34 '1단을 되돌아가며 꽃철사를 감싸는 방법' 참조)

꽃잎 (소) 001 1장

꽃잎 (중) 001 5장

꽃잎 (대) 001 6장

= 꽃심에 붙이는 위치

꽃심 001 1장

● = 꽃철사 끼우는 위치

꽃 조립하는 방법

꽃심의 1단에
20호 꽃철사 2줄을
한 번에 끼운다

꽃심을 중심으로
꽃잎의 기초코 부분을
소·중·대의 순서로 붙인다

조립하는 방법

① 꽃에 꽃받침A를 붙인다
② (709)로 3cm 감는다
③ 꽃받침B를 끼운다
④ (709)로 4cm 감는다
⑤ 잎을 합쳐서 (709)로 7.5cm 감는다

끝부분은 p.33을
참조하여 마무리한다

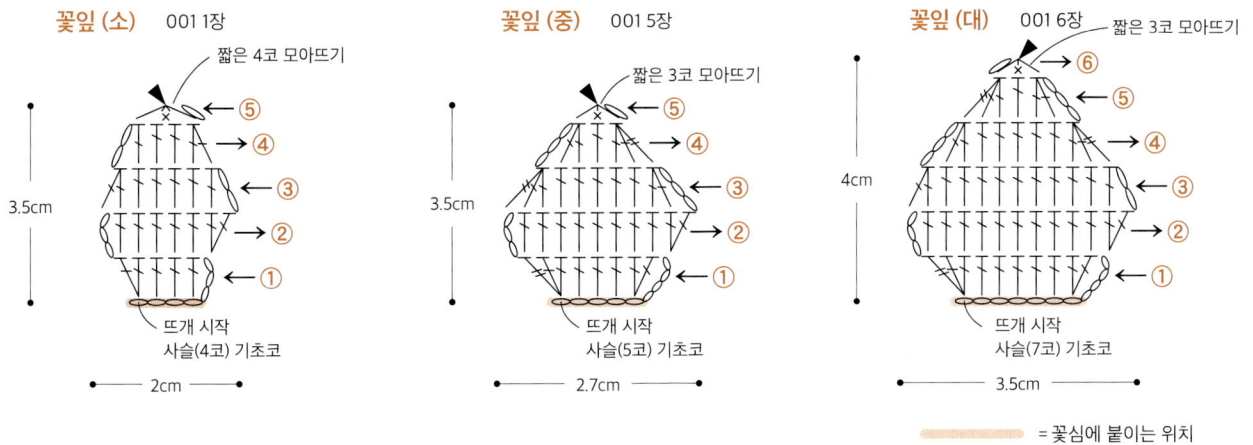

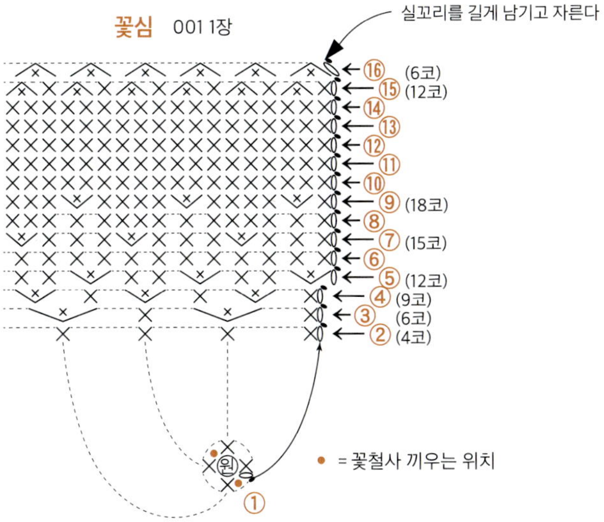

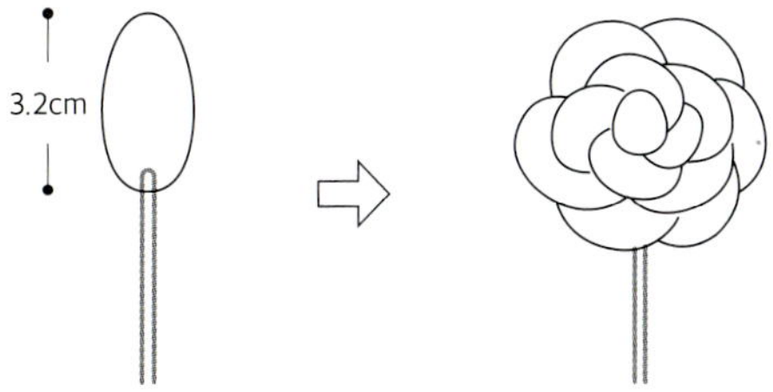

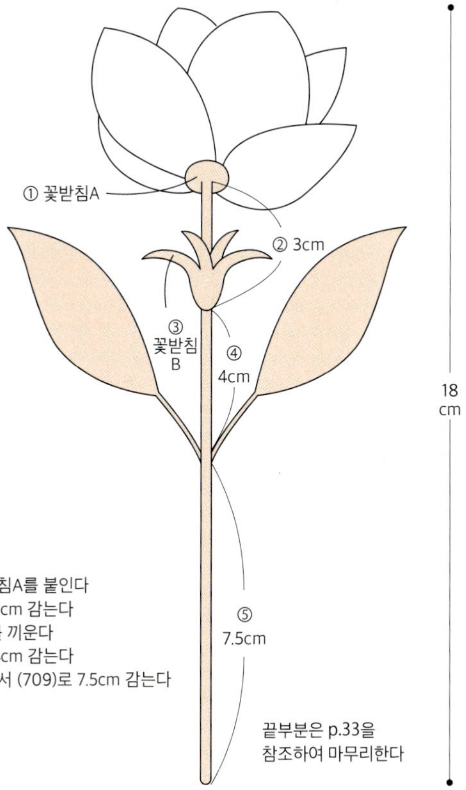

글로리오사

Photo … p.15 Point Lesson … p.37

재료
실: DMC 에코 비타
초록 계열(706) 2타래, 빨강 계열(502) 1.5타래, 노랑 계열(203) 조금
바늘: 레이스 코바늘 4호
그 밖의 재료
꽃철사 26호 13줄, 20호 1줄, 접착제 적당량
완성 크기 그림 참조

꽃 조립하는 방법

① 암술 주위에 수술을 배치하여 합치고 밑동을 (706)으로 감는다

② 꽃잎으로 ①을 둘러싸고 20호 꽃철사를 대고 (706)으로 감는다

17cm

20호 꽃철사

꽃잎 (p.37 참조) 6장

= 502
= 203
= 706

☆ = 사슬의 코산에 빼뜨기한다

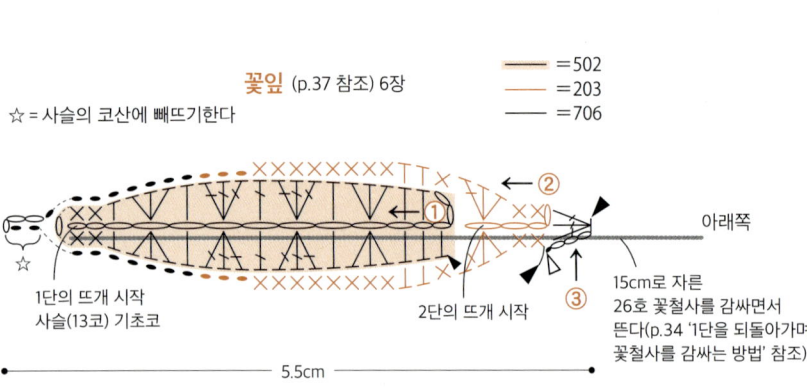

1단의 뜨개 시작 사슬(13코) 기초코

2단의 뜨개 시작

15cm로 자른 26호 꽃철사를 감싸면서 뜬다(p.34 '1단을 되돌아가며 꽃철사를 감싸는 방법' 참조)

아래쪽

5.5cm

암술 만드는 방법 1줄

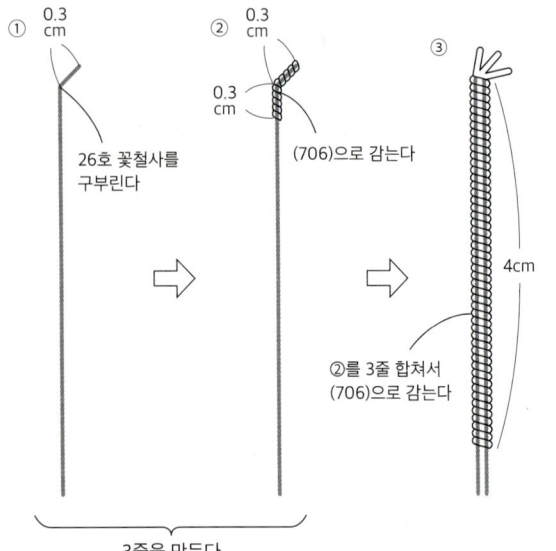

26호 꽃철사를 구부린다

(706)으로 감는다

②를 3줄 합쳐서 (706)으로 감는다

3줄을 만든다

수술 만드는 방법 6줄

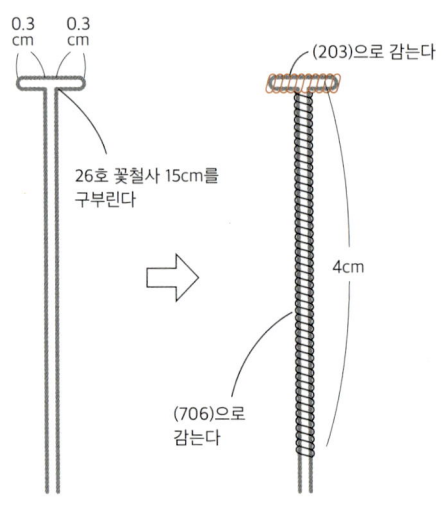

26호 꽃철사 15cm를 구부린다

(203)으로 감는다

(706)으로 감는다

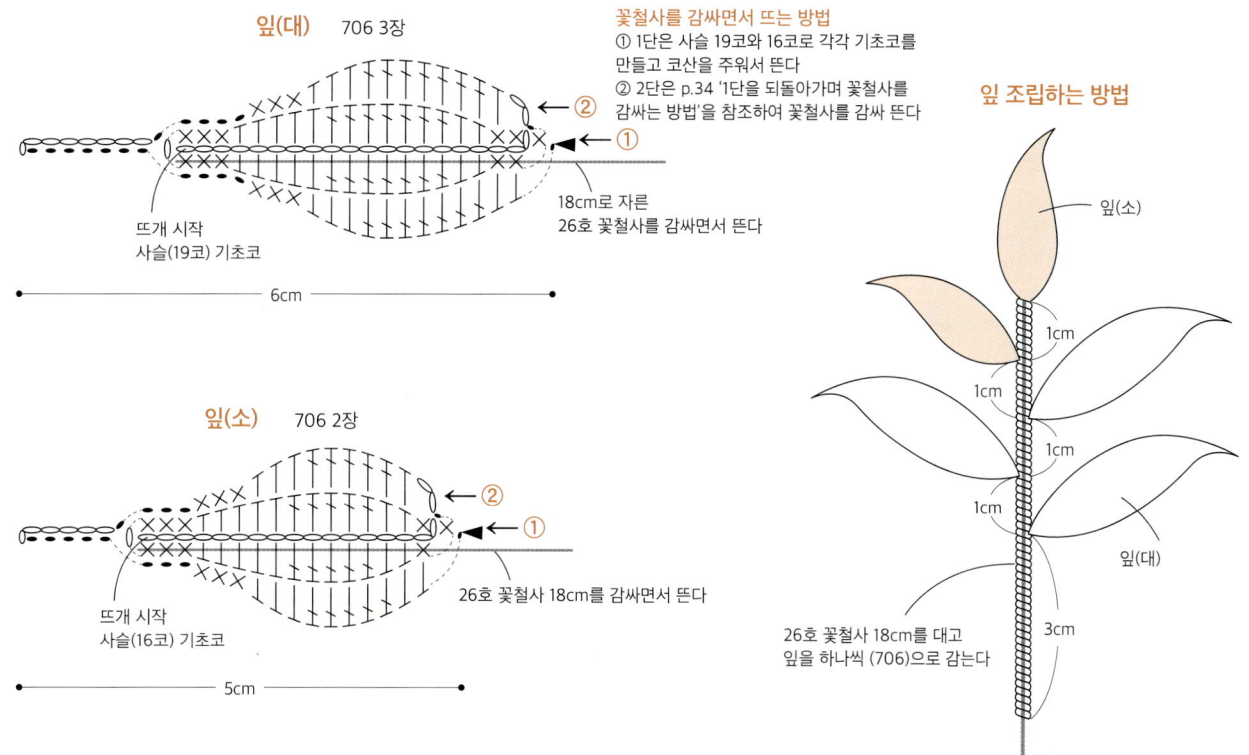
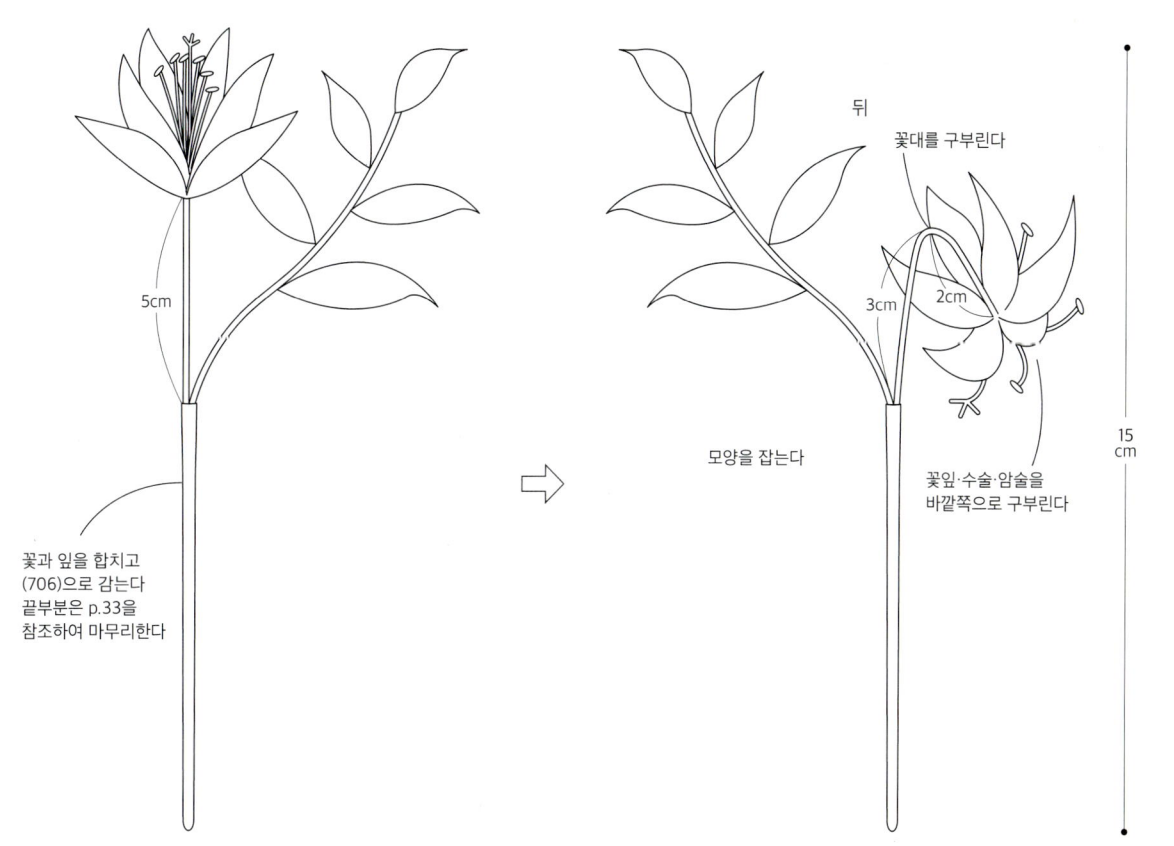

수국·애나벨·귀걸이 2종

Photo … p.16, 17

재료

실: DMC 에코 비타

a 수국: 보라 계열(407)·모스그린 계열(703)·연한 모스그린 계열(702) 각 1타래, 분홍 계열(410)·연보라 계열(602)·파랑 계열(605) 각 0.5타래

b 애나벨: 흰색 계열(001) 3타래, 연초록 계열(701)·진초록 계열(710) 각 1타래, 초록 계열(707) 0.5타래

c 수국 귀걸이: 하늘색 계열(604)·파랑 계열(605)·초록 계열(705) 각 0.5타래, 흰색 계열(001)·연보라 계열(602) 각 조금

d 애나벨 귀걸이: 흰색 계열(001)·연초록 계열(701) 각 조금

바늘

a 수국: 레이스 코바늘 2호
b 애나벨: 레이스 코바늘 2호, 10호
c 수국 귀걸이: 레이스 코바늘 2호, 10호
d 애나벨 귀걸이: 레이스 코바늘 10호

그 밖의 재료

a 수국: 꽃철사 33호 18줄, 26호 2줄, 접착제 적당량
b 애나벨: 꽃철사 33호 15줄, 26호 2줄
c 수국 귀걸이: 꽃철사 33호 6줄, 논피어싱 귀걸이 부속(실버) 1세트, O링 2개, C링 2개, 접착제 적당량
d 애나벨 귀걸이: 피어싱 귀걸이 부속(골드, 8mm) 1세트, C링 2개, 진주 참(화이트, 2.5mm) 2개

완성 크기 그림 참조

a b c 꽃잎A의 조립하는 방법

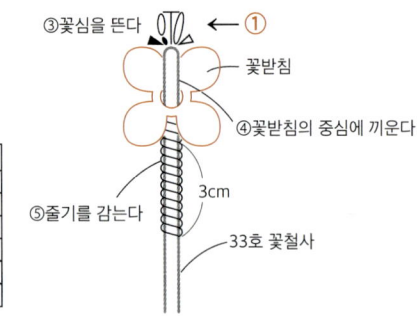

① 꽃받침을 뜬다
② 15cm로 자른 33호 꽃철사를 반으로 접는다
③ 구부린 곳에 실을 연결하여 꽃심을 뜬다
④ ①을 꽃받침에 끼우고 뜨개 시작의 원을 조여서 고정한다
⑤ 줄기에 실을 감는다

a b c d 꽃잎A

꽃받침

※뜨개 시작의 원은 줄기에 끼운 후에 조인다

대=2cm
소=1.6cm

꽃잎A의 배색·장수

배색		a	b	c귀걸이	d귀걸이
	꽃받침	602	701	604	701
		407	001	605	001
	꽃심	605	001	602	604
	줄기	702	707	705	
장수	대=레이스 코바늘 2호	8장	5장	2장	
	소=레이스 코바늘 10호		10장	10장	2장	2장

a b 잎

레이스 코바늘 2호
a 703 각 2장
b 710

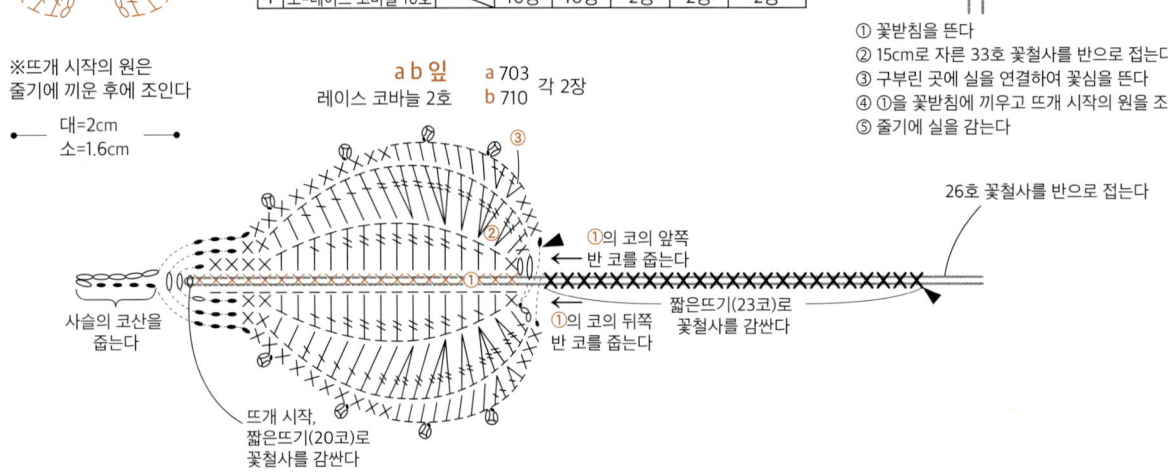

a c 꽃잎B

레이스 코바늘 2호

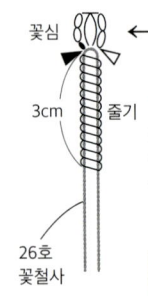

꽃잎B 만드는 방법
① 15cm로 자른 26호 꽃철사를 반으로 접는다
② 구부린 곳에 실을 연결하여 꽃심 부분을 뜬다
③ 줄기에 실을 감는다

꽃잎B의 배색·장수

배색		a		c 귀걸이	
	꽃심	602	410	602	604
	줄기	702		705	
	장수	10장	10장	4장	2장

d 꽃잎 조립하는 방법

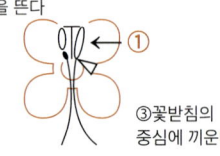

① 꽃받침을 뜬다
② 꽃심 부분을 뜬다
③ ②의 뜨개 시작과 뜨개 끝의 실을 ①에 통과시킨다
④ ①의 뜨개 시작의 중심 원을 조여서 고정한다

d 조립하는 방법

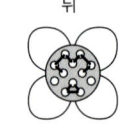

귀걸이 베이스에 바느질해서 붙인다

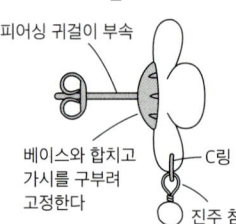

피어싱 귀걸이 부속
베이스와 합치고 가시를 구부려 고정한다
C링
진주 참을 C링에 끼운다

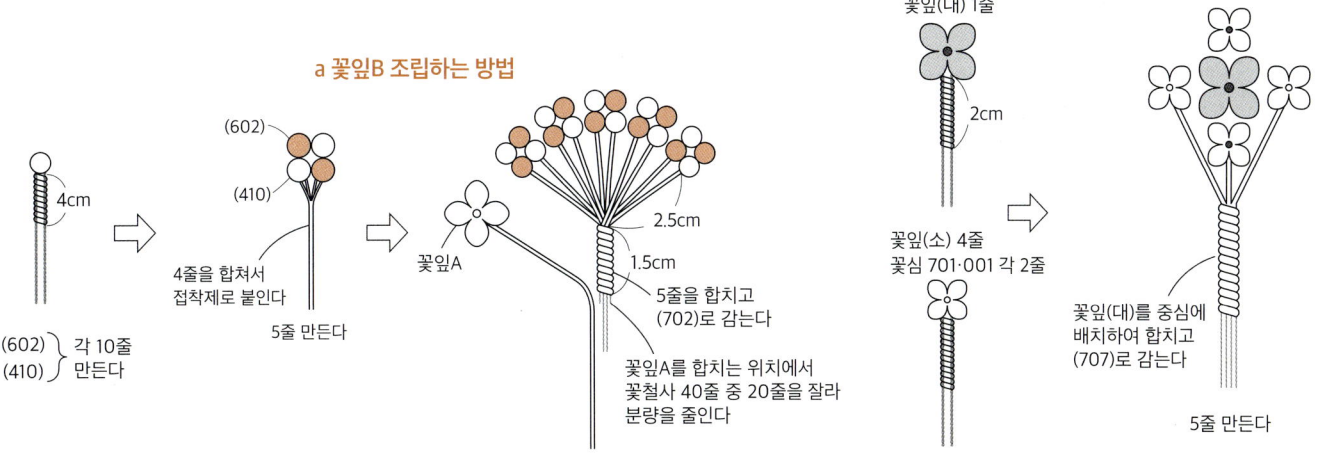
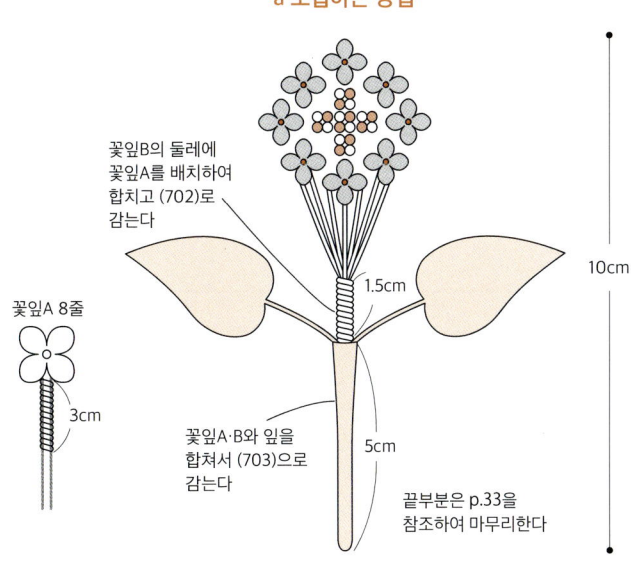
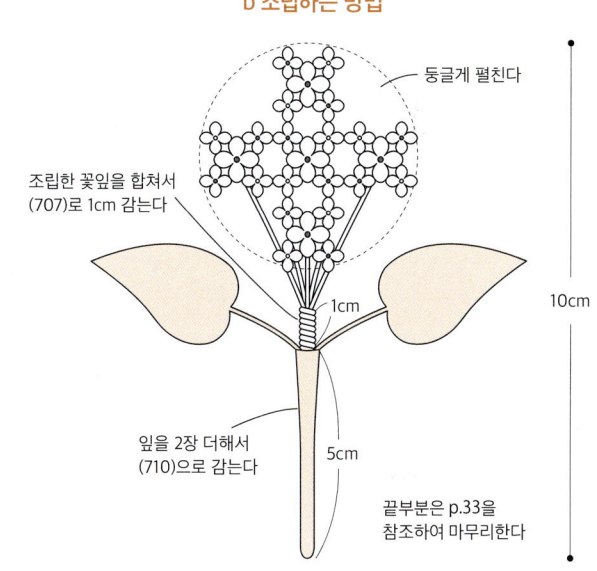
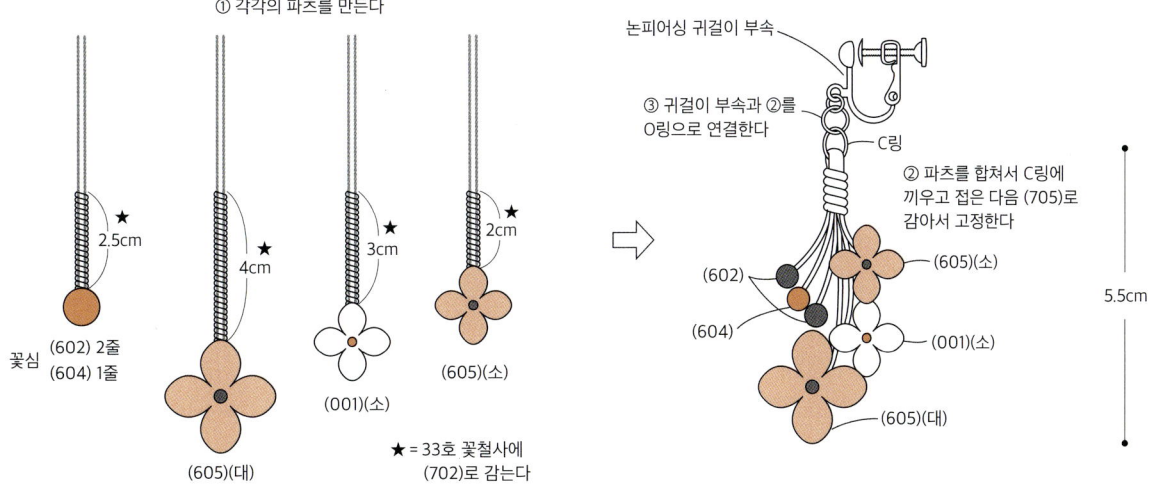

채송화 Photo … p.18   Point Lesson … p.37

재료
실: DMC 에코 비타
진초록 계열(710) 3타래, 빨강 계열(502) 2타래, 노랑 계열(203) 1타래
바늘: 레이스 코바늘 2호
그 밖의 재료
꽃철사 24호(6cm) 6줄, 20호(28cm) 1줄, 접착제 적당량
완성 크기 그림 참조

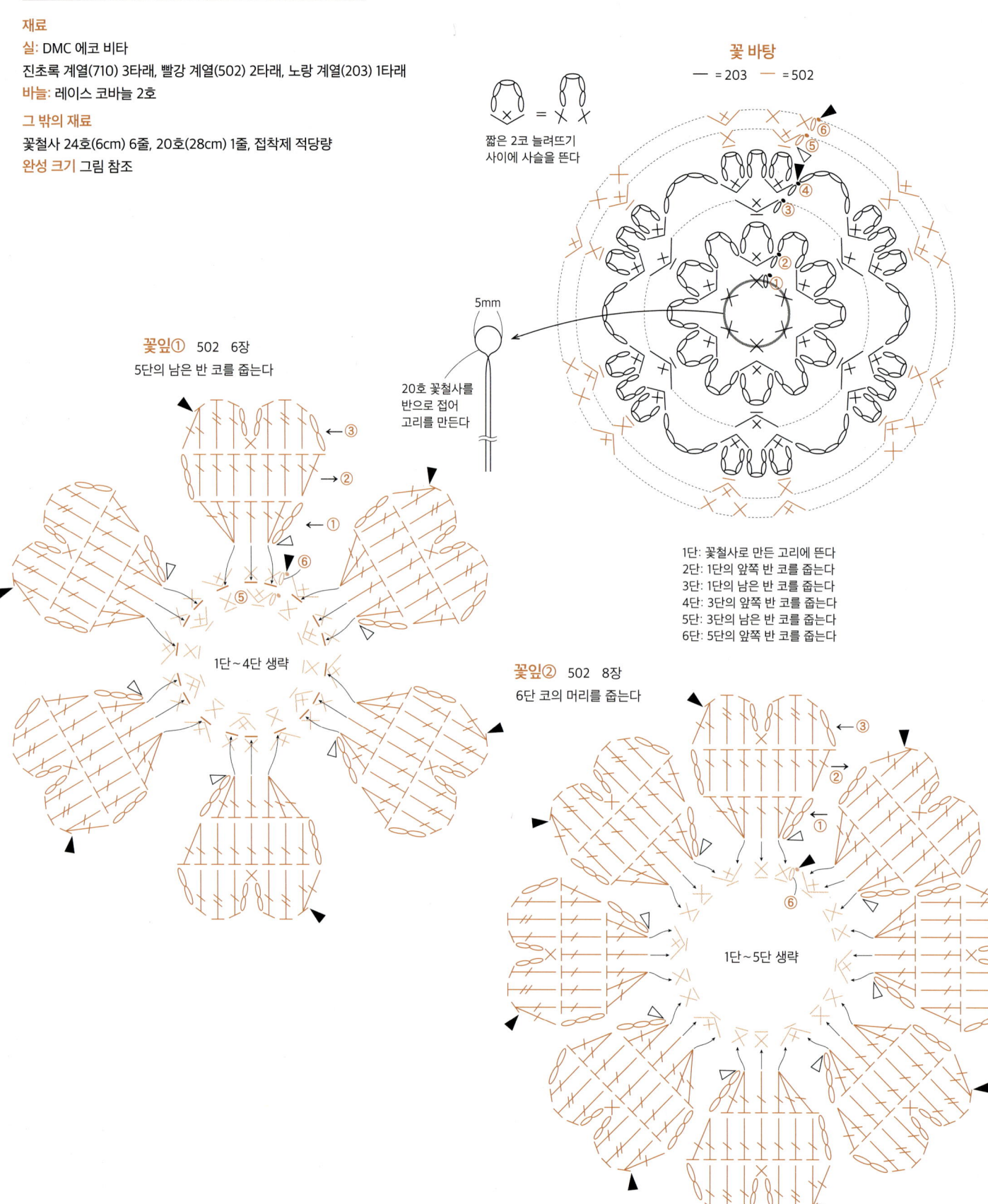

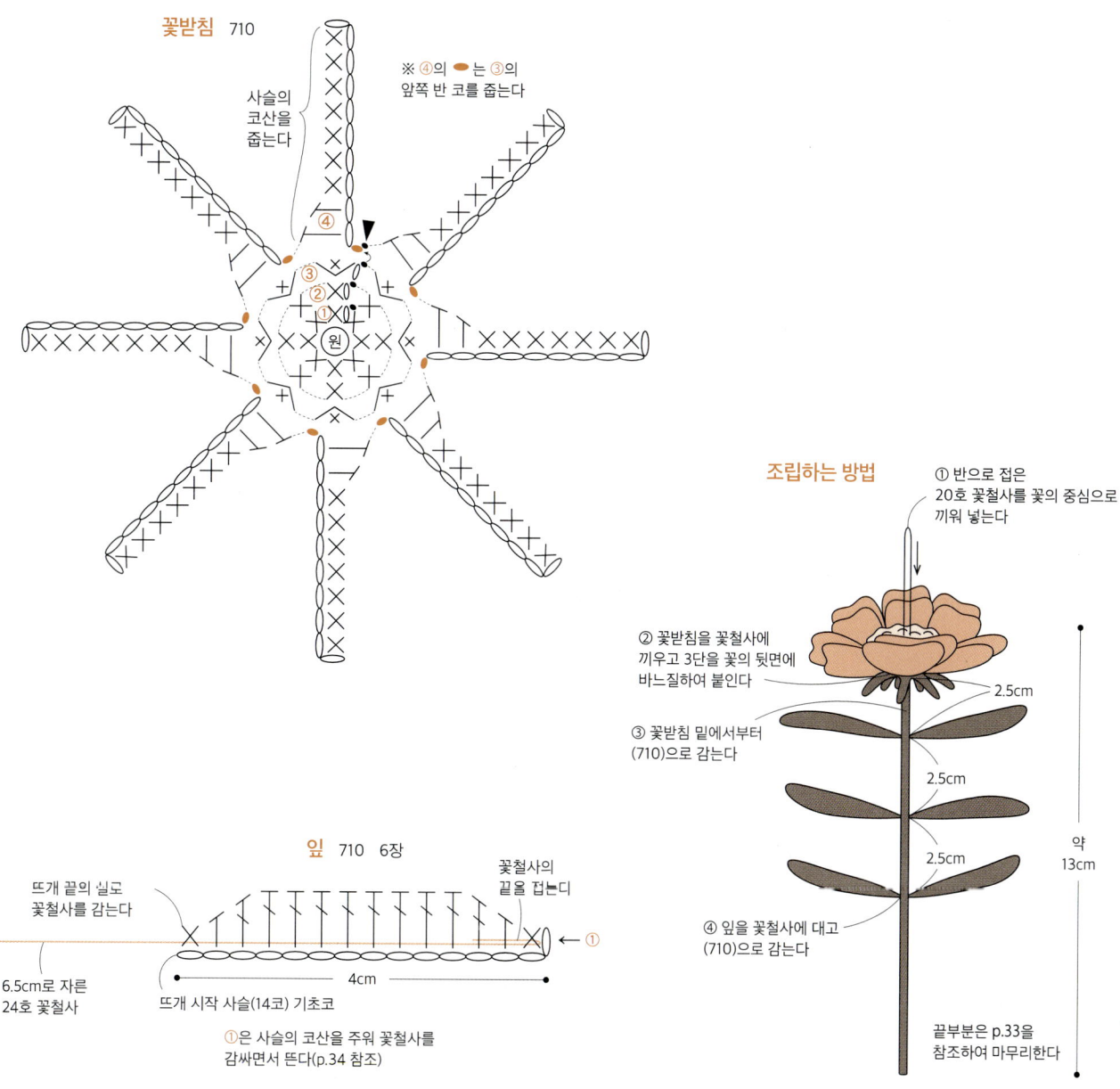

백일홍 Photo ⋯ p.19

재료
실: DMC 에코 비타
모스그린 계열(703) 1.5타래, 주황 계열(303) 1타래, 주황 계열(306) 0.5타래, 노랑 계열(203)·빨강 계열(406) 각 조금
바늘: 레이스 코바늘 4호

그 밖의 재료
꽃철사 26호(16cm) 2줄, 20호 1줄, 수예용 솜 조금, 접착제 적당량
완성 크기 그림 참조

꽃받침 703

꽃심 1~8단 406

6단은 전단의
앞쪽 반 코를 줍는다

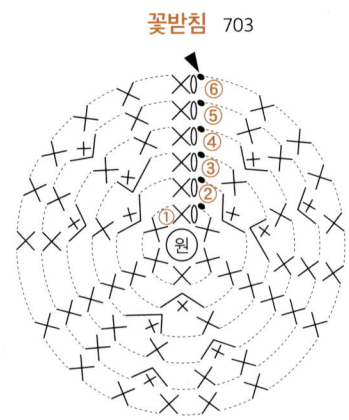

잎 703 2장
꽃철사를 1단의 ①b에서 감싸면서 뜬다
(p.34 '1단을 되돌아가며 꽃철사를 감싸는 방법' 참조)

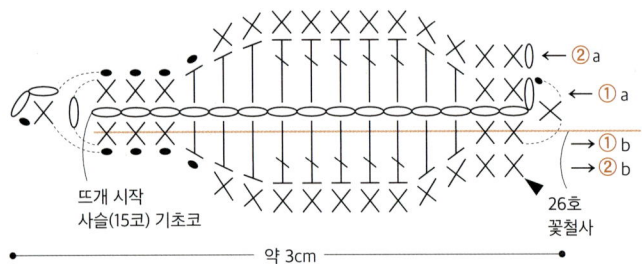

②a
①a
①b
②b
26호 꽃철사
뜨개 시작 사슬(15코) 기초코
약 3cm

꽃심 9단 203

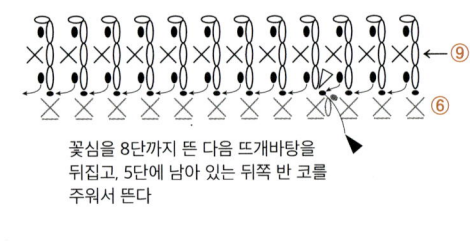

꽃심을 8단까지 뜬 다음 뜨개바탕을
뒤집고, 5단에 남아 있는 뒤쪽 반 코를
주워서 뜬다

꽃잎A 306 1장

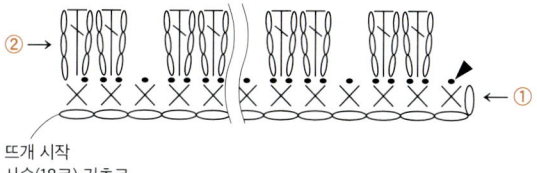

뜨개 시작
사슬(18코) 기초코

꽃잎B 303 1장

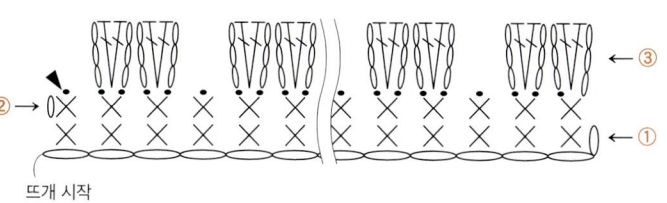

뜨개 시작
사슬(18코) 기초코

꽃잎C 303 1장

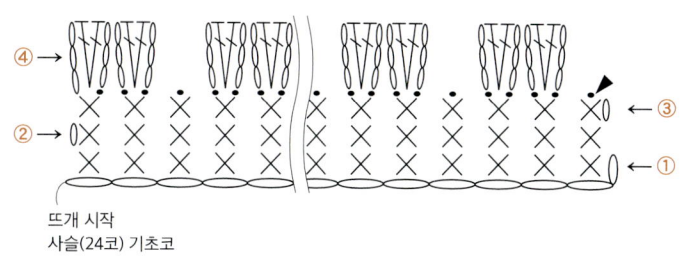

뜨개 시작
사슬(24코) 기초코

꽃 조립하는 방법

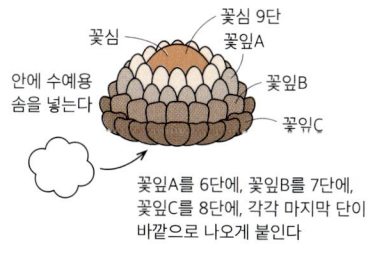

꽃심 9단
꽃심
꽃잎A
꽃잎B
꽃잎C
안에 수예용 솜을 넣는다

꽃잎A를 6단에, 꽃잎B를 7단에, 꽃잎C를 8단에, 각각 마지막 단이 바깥으로 나오게 붙인다

꽃받침에 수예용 솜을 넣고 꿰맨다

조립하는 방법

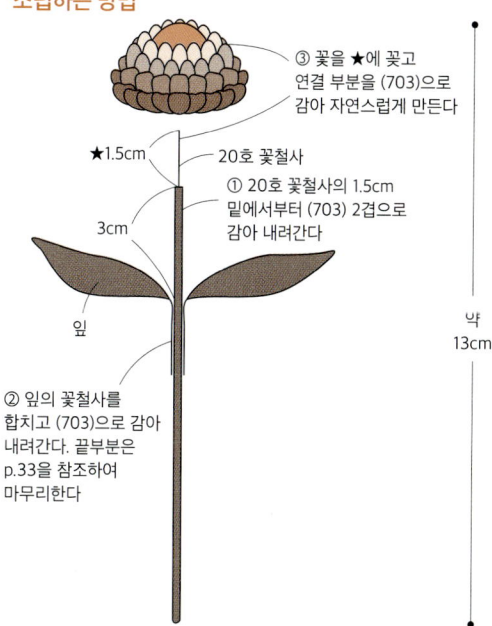

③ 꽃을 ★에 꽂고 연결 부분을 (703)으로 감아 자연스럽게 만든다

★1.5cm
20호 꽃철사
① 20호 꽃철사의 1.5cm 밑에서부터 (703) 2겹으로 감아 내려간다

3cm

잎

약 13cm

② 잎의 꽃철사를 합치고 (703)으로 감아 내려간다. 끝부분은 p.33을 참조하여 마무리한다

장미

Photo … p.20

재료
실: DMC 에코 비타
노랑 계열(202) 3타래, 초록 계열(706) 1.5타래, 황록색 계열(707) 0.5타래
바늘: 레이스 코바늘 4호

그 밖의 재료
꽃철사 28호 3줄, 22호 2줄, 접착제 적당량
완성 크기 그림 참조

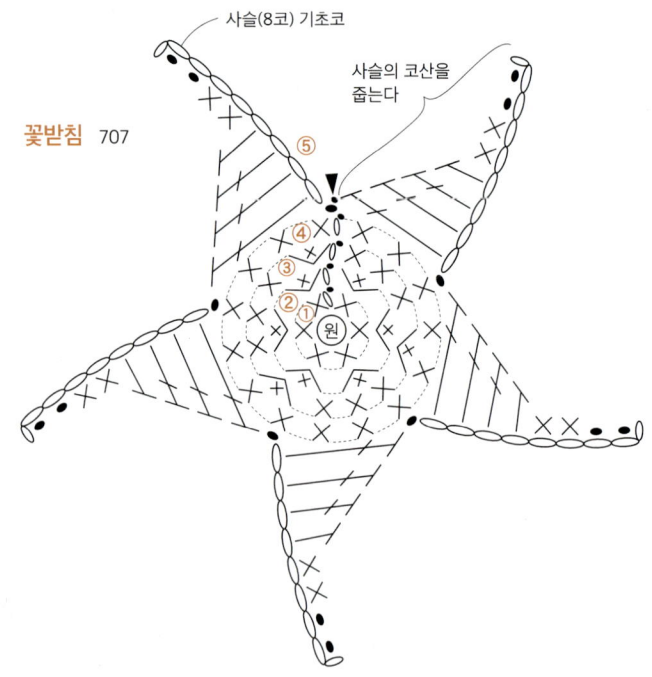

꽃받침 707
사슬(8코) 기초코
사슬의 코산을 줍는다

꽃심 202 1장

2단은 앞쪽 반 코를 주워 이랑뜨기를 뜬다

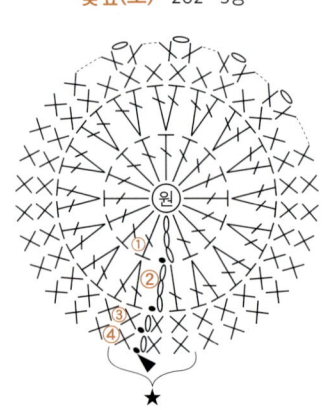

꽃잎(소) 202 3장

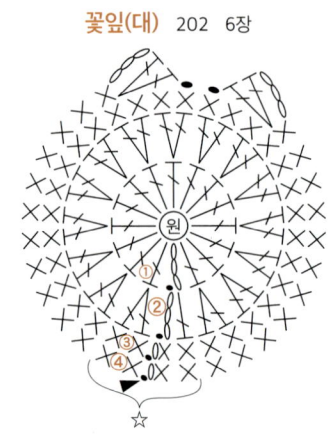

꽃잎(대) 202 6장

꽃 바탕 (p.61 참조) 202   꽃심 1장·꽃잎(소) 3장·꽃잎(대) 6장에서 지정한 콧수를 줍는다

꽃심 2단의 이랑뜨기에서 남은 뒤쪽 반 코를 줍는다
꽃잎(소)의 ★에서 줍는다
꽃잎(대)의 ☆에서 줍는다

(39코)

60　CROCHET FLOWERS BOOK

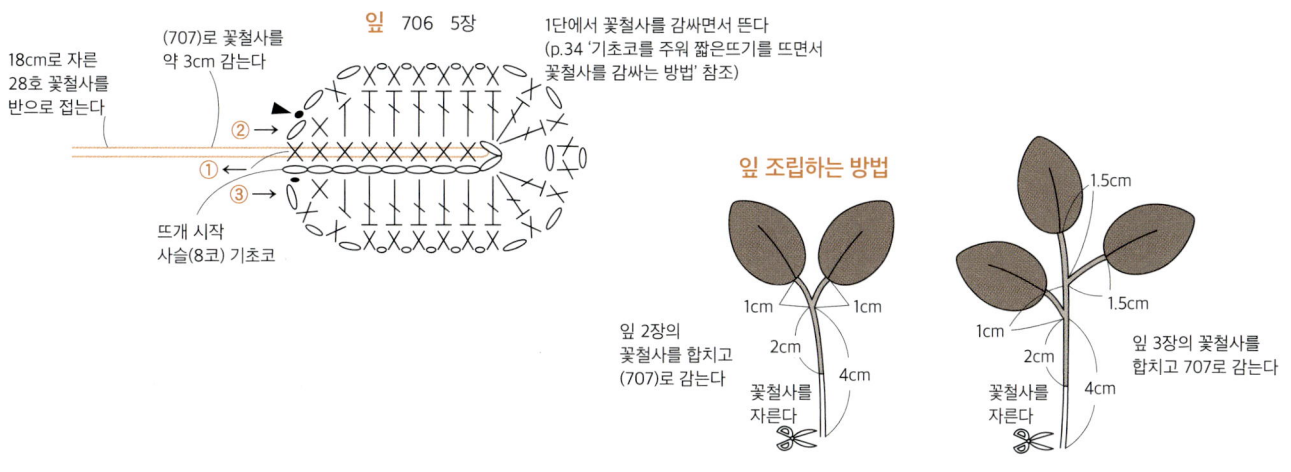

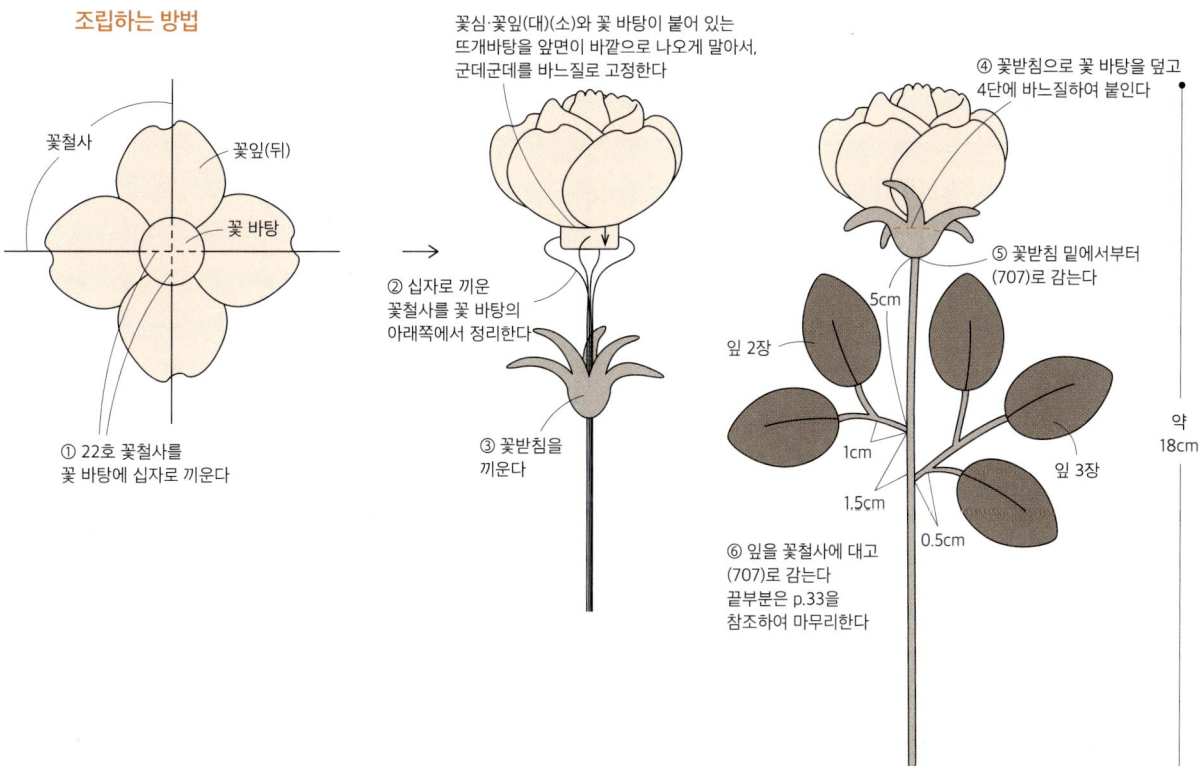

월하미인·월하미인 비녀 Photo … p.21

재료
실: DMC 에코 비타
a 월하미인: 흰색 계열(001) 1타래, 노랑 계열(201)·분홍 계열(409) 각 0.5타래, 황록색 계열(707) 조금
b 월하미인 비녀: 흰색 계열(001) 1타래, 노랑 계열(201)·분홍 계열(409) 각 0.5타래, 황록색 계열(707) 조금

바늘
a 월하미인: 레이스 코바늘 0호
b 월하미인 비녀: 레이스 코바늘 0호

그 밖의 재료
a 월하미인: 꽃철사 22호 2줄, 24호 1줄, 조화용 꽃술(노랑) 12줄, 접착제 적당량
b 월하미인 비녀: 꽃철사 24호 0.5줄, 조화용 꽃술(노랑) 12줄, U자 비녀(S) 1개, 접착제 적당량
완성 크기 그림 참조

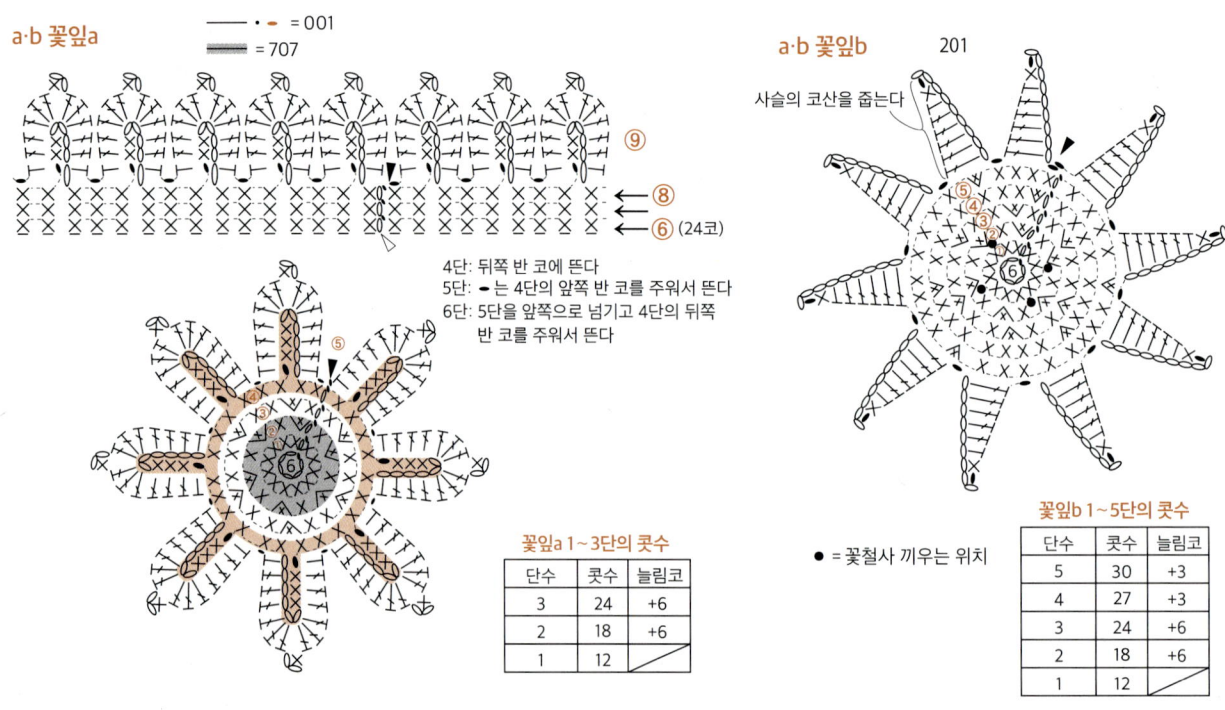

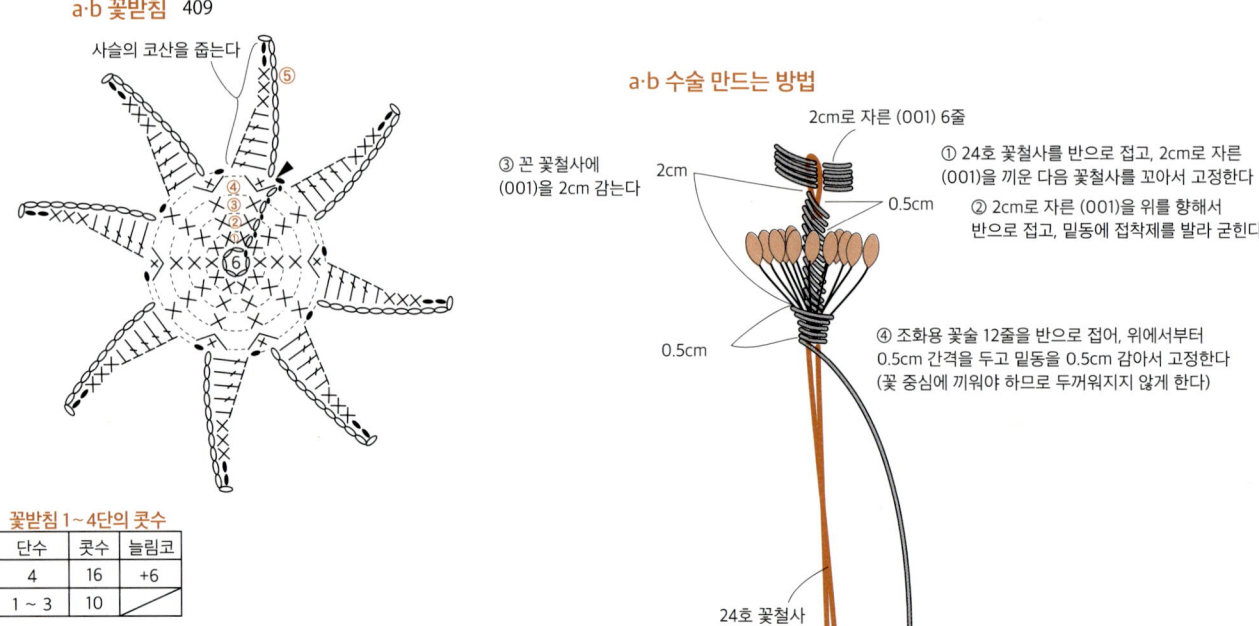

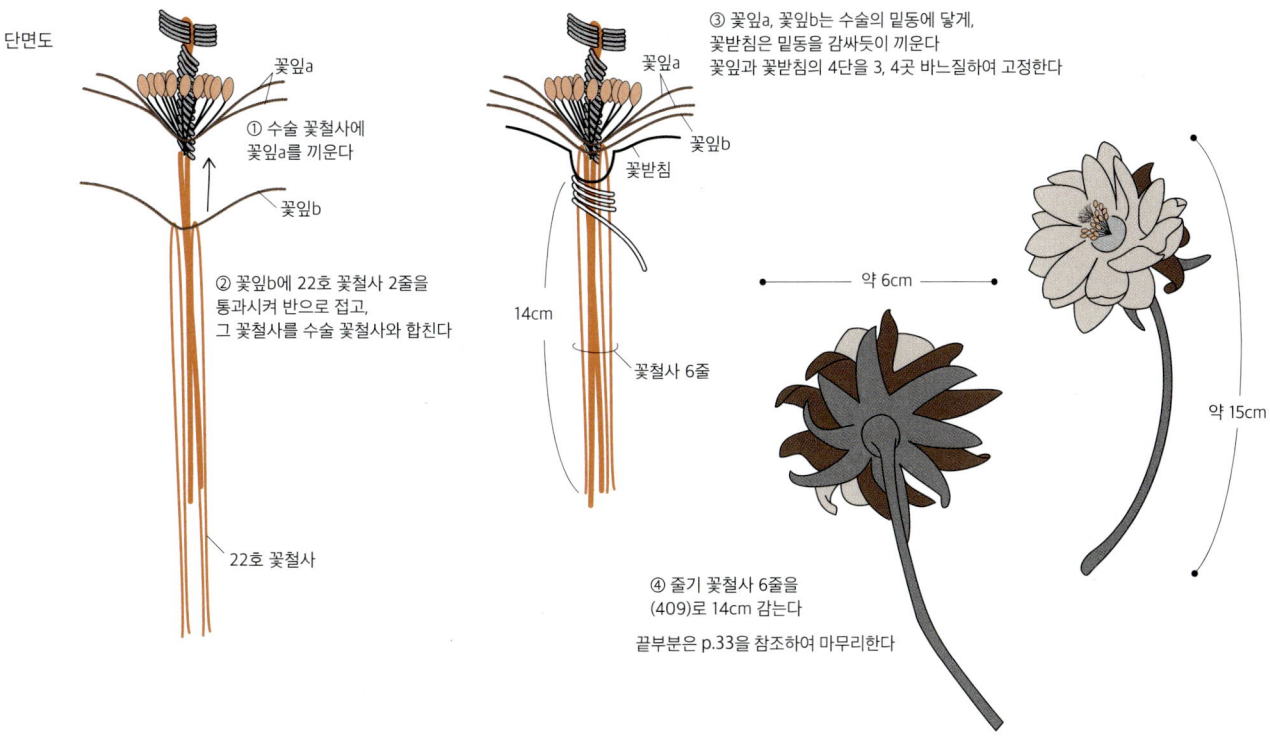

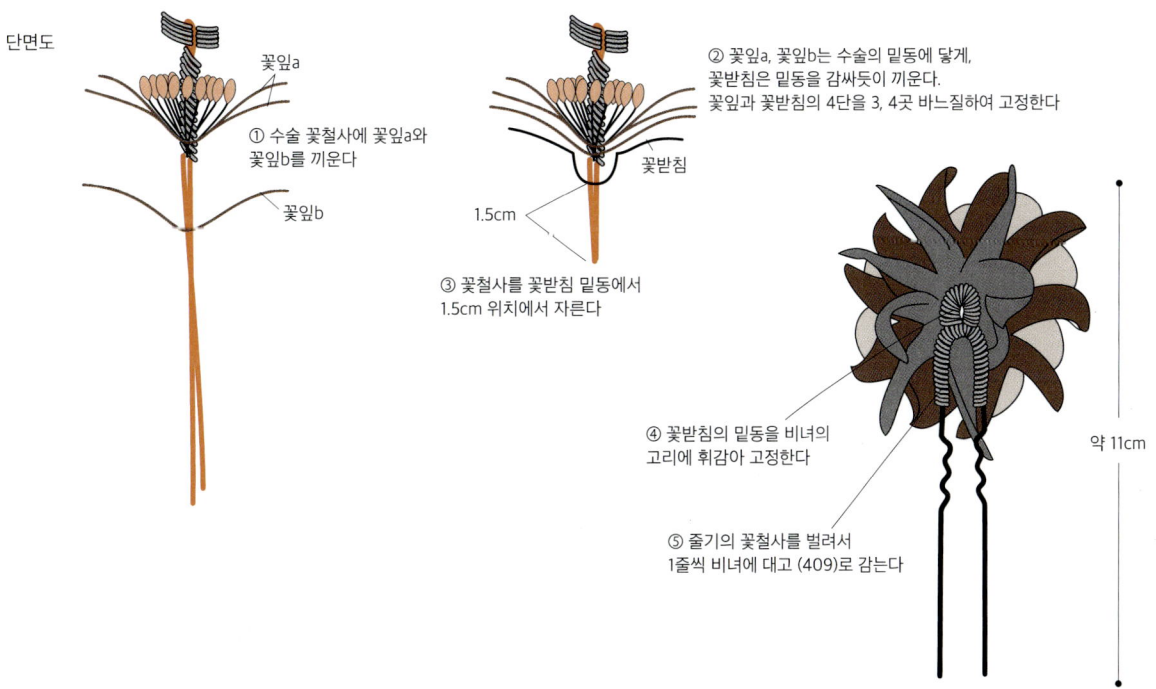

해바라기

Photo ··· p.24   Point Lesson ··· p.37

재료
실: DMC 에코 비타
모스그린 계열(703) 1타래, 적갈색 계열(103)·진갈색 계열(106)·노랑 계열(203)·초록 계열(707) 각 0.5타래
바늘: 레이스 코바늘 0호

그 밖의 재료
꽃철사 28호 2줄, 24호 3줄, 수예용 솜 조금, 접착제 적당량
완성 크기 그림 참조

4단: ● 는 3단의 앞쪽 반 코를 줍는다.
5단: 3단에 남은 반 코를 줍는다.
7단: ● 는 6단의 앞쪽 반 코를 줍는다.
8단: 꽃잎 6단에 남은
    반 코와 함께 뜬다(p.37 참조).

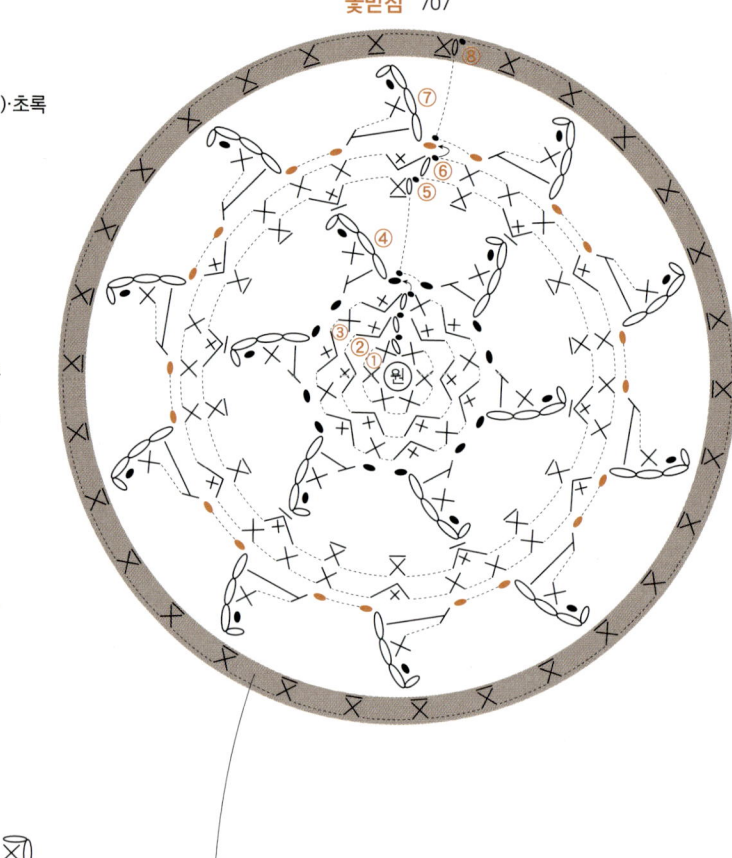

꽃받침 707

4단, 5단: 이랑뜨기를 뜬다
6단: ● 는 앞쪽 반 코를 줍는다
7단: 꽃받침 8단과 함께 뜨고,
    5단에 남은 반 코를 줍는다
    (p.37 참조)

☆=사슬의 코산을 줍는다

꽃심A 1~5단·꽃잎 6~8단
— =106   — =203

꽃잎과 꽃받침을 합쳐서 뜬다

● = 꽃철사 끼우는 위치

꽃심B 103

꽃심A 4단, 5단의 이랑뜨기의 남은 앞쪽 반 코를 줍는다

※ 7·8단 뜨는 방법은 p.65 꽃잎과 꽃받침 조립하는 방법② 참조

잎 703 2장

15cm로 잘라서 반으로 접은 28호 꽃철사를 감싸면서 뜬다
(p.34 '기초코를 주워 짧은뜨기를 뜨면서 꽃철사를 감싸는 방법' 참조)

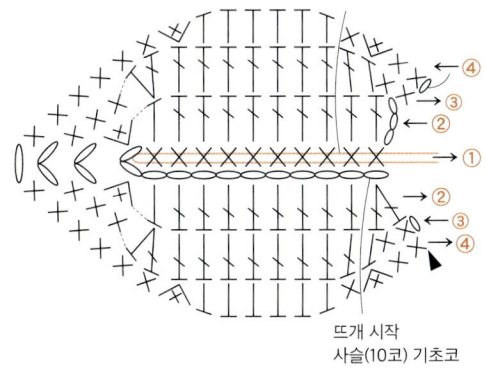

뜨개 시작
사슬(10코) 기초코

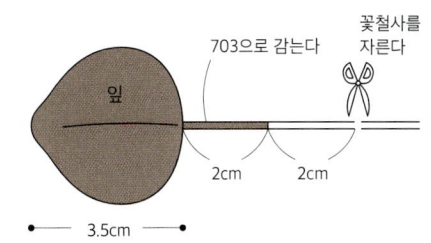

꽃잎과 꽃받침 조립하는 방법
(p.37 참조)

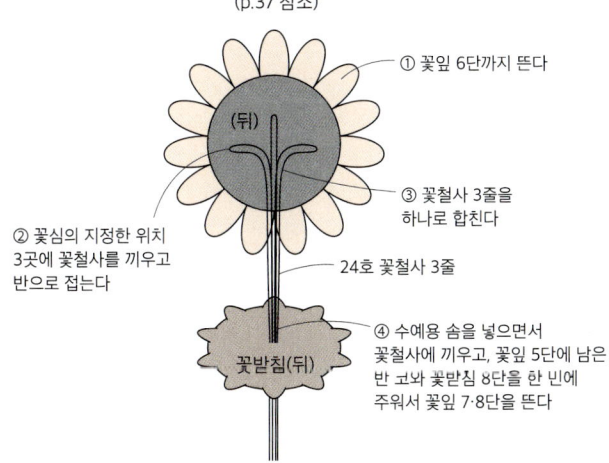

조립하는 방법

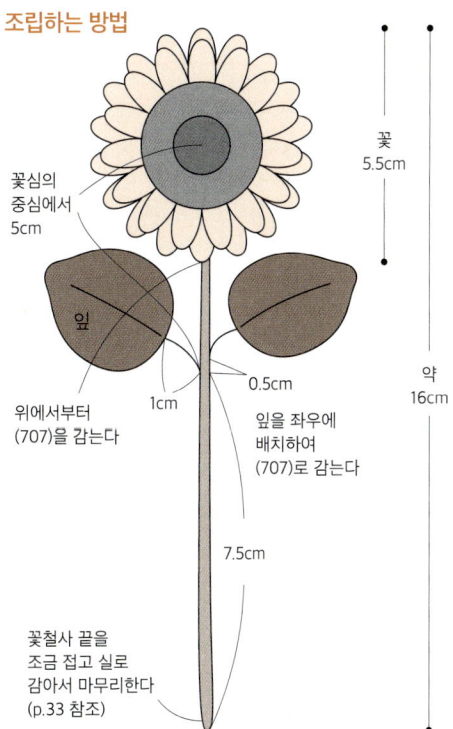

CROCHET FLOWERS BOOK 65

접시꽃 Photo … p.25

재료
실: DMC 에코 비타
진초록 계열(705) 1.5타래, 분홍 계열(401)·연지색 계열(405) 각 0.5타래, 노랑 계열(201) 조금
바늘: 레이스 코바늘 0호

그 밖의 재료
꽃철사 26호 6줄, 수예용 솜 조금, 접착제 적당량
완성 크기 그림 참조

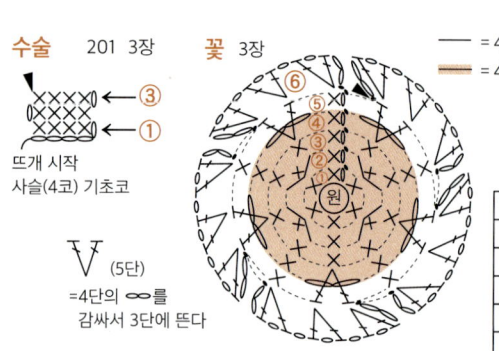

꽃의 콧수

단수	콧수	늘림코
5	15	
4	15	+5
3	10	
2	10	+4
1	6	

꽃봉오리(대)의 콧수

단수	콧수	증감코
5	6	−3
4	9	−3
3	12	
2	12	+6
1	6	

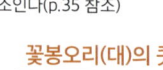
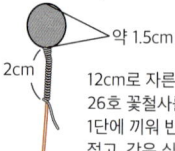

꽃봉오리(소)의 콧수

단수	콧수	증감코
3	9	
2	9	+3
1	6	

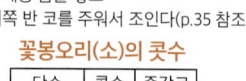
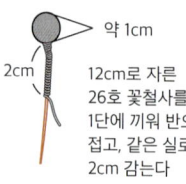

잎 705 3장
12cm로 자른 26호 꽃철사를 반으로 접고, 꽃철사를 감싸면서 뜬다
(p.34 '기초코를 주워 짧은뜨기를 뜨면서 꽃철사를 감싸는 방법' 참조)

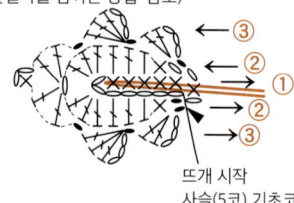
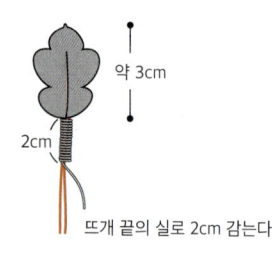

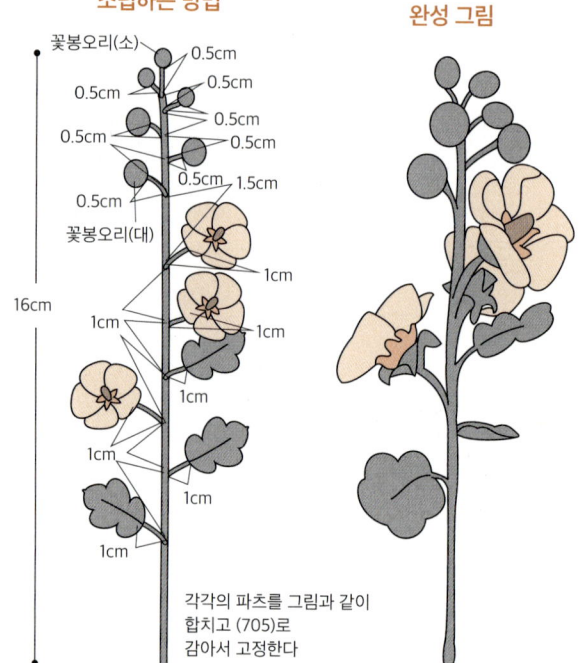

목련 Photo ··· p.26

재료
실: DMC 에코 비타
흰색 계열(001)·연지색 계열(405)·분홍 계열(409) 각 1타래, 갈색 계열(102)·진갈색 계열(103)·황록색 계열(707) 각 0.5타래
바늘: 레이스 코바늘 0호

그 밖의 재료
꽃철사 22호·24호(18cm) 각 1줄, 28호(18cm) 5줄, 수예용 솜 조금, 접착제 적당량
완성 크기 그림 참조

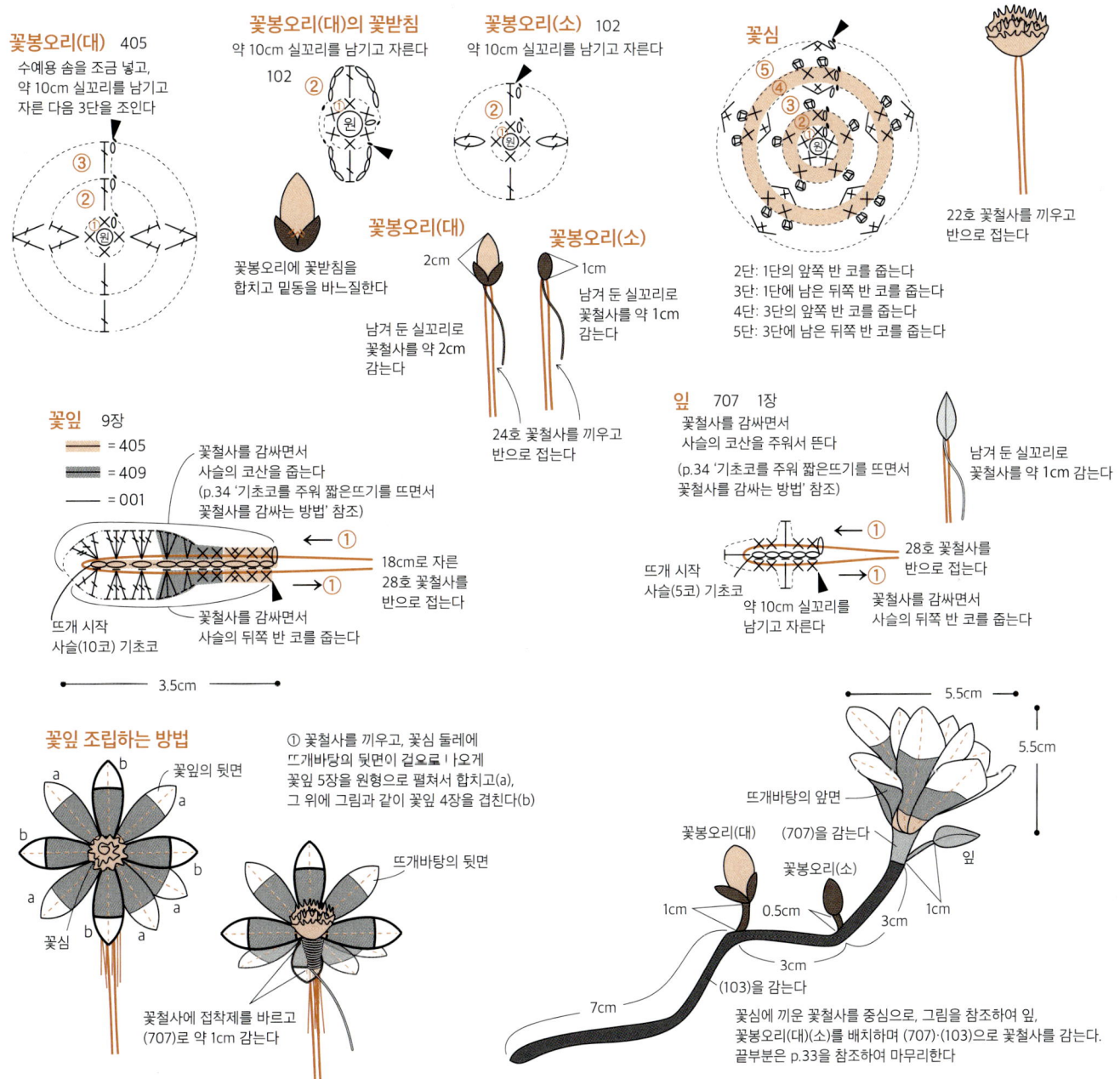

벚꽃·벚꽃 반지 Photo ⋯ p.27

재료
실: DMC 에코 비타
a 벚꽃: 분홍 계열(401) 1타래, 갈색 계열(104)·연지색 계열(405) 각 0.5타래
b 벚꽃 반지: 분홍 계열(401)·연지색 계열(405) 각 조금
바늘: 레이스 코바늘 4호

그 밖의 재료
a 벚꽃: 꽃철사 26호(18cm) 8줄, 24호 1줄, 조화용 꽃술 30줄, 수예용 솜 조금, 접착제 적당량
b 벚꽃 반지: 시드 비즈(실버골드·3mm) 11알, 반지대 1개, 수예용 솜 조금, 접착제 적당량
완성 크기 그림 참조

a·b 꽃잎 401 a 3장 b 1장

a·b 꽃받침 405 a 6장 b 1장

a 꽃봉오리 401 3개

a 꽃심 만드는 방법 3개

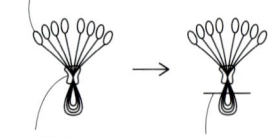

① 조화용 꽃술 10줄을 반으로 접어서 합친다
② 접착제를 발라 굳힌다
③ 자른다

a 곁눈 만드는 방법 2줄

26호 꽃철사를 반으로 접는다
(104)를 0.5cm 정도 두껍게 감는다

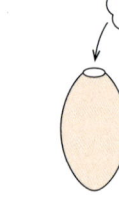
6단까지 떴으면 안에 수예용 솜을 넣고 뜨개 끝의 실로 조인다

a 꽃 조립하는 방법 3줄

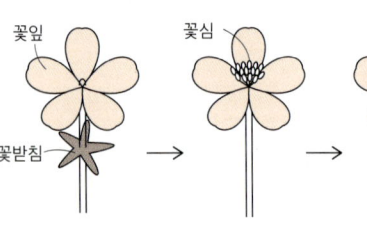

꽃잎 / 꽃받침 / 꽃심 / (뒤) / (405) 약 0.7cm / (104) 약 1cm

26호 꽃철사를 반으로 접고, 꽃잎과 꽃받침의 중심에 끼워 넣는다
꽃잎의 중심에 꽃심을 접착제로 붙인다
(405)와 (104)로 각각 감는다

a 꽃봉오리 조립하는 방법 3줄

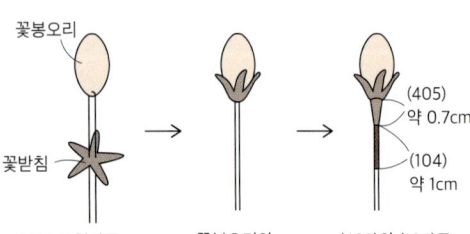

꽃봉오리 / 꽃받침 / (405) 약 0.7cm / (104) 약 1cm

26호 꽃철사를 반으로 접어서 꽃봉오리와 꽃받침의 중심에 끼워 넣는다
꽃봉오리와 꽃받침을 접착제로 붙인다
(405)와 (104)로 각각 감는다

a 조립하는 방법

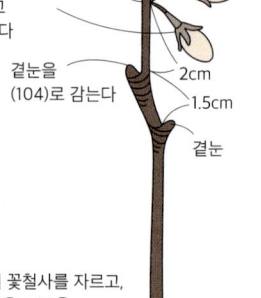

끝을 10cm 정도 접은 24호 꽃철사에 (104)를 감는다
1.5cm / 1.5cm / 1.5cm / 1.5cm / 1cm / 2cm / 1.5cm
약 17cm
꽃과 꽃봉오리를 꽃철사에 대고 (104)로 감는다
곁눈을 (104)로 감는다
곁눈
여분의 꽃철사를 자르고, 끝부분은 p.33을 참조하여 마무리한다

b 조립하는 방법

(뒤)
꽃잎의 중심에 비즈를 바느질하여 붙인다
꽃잎 뒷면에 꽃받침을 접착제로 붙인다
반지대에 접착제로 붙인다

서양산딸나무 Photo … p.28

재료
실: DMC 에코 비타
흰색 계열(001)·진갈색 계열(103)·노랑 계열(202)·노랑 계열(204)·
황록색 계열(707) 각 0.5타래
바늘: 레이스 코바늘 0호

그 밖의 재료
꽃철사 28호(18cm) 4줄, 22호 2줄, 접착제 적당량
완성 크기 그림 참조

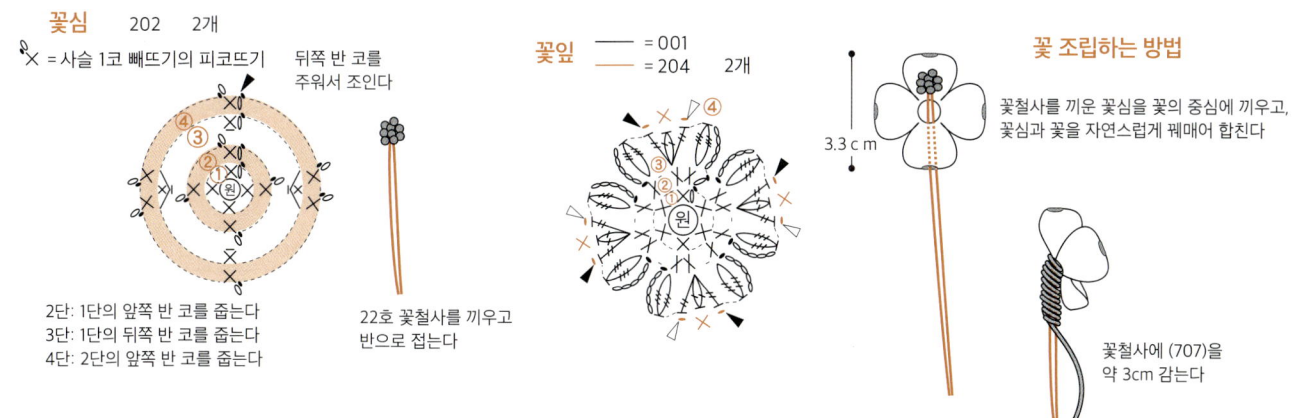

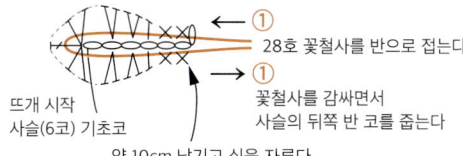

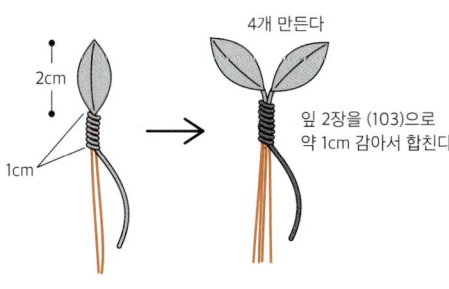

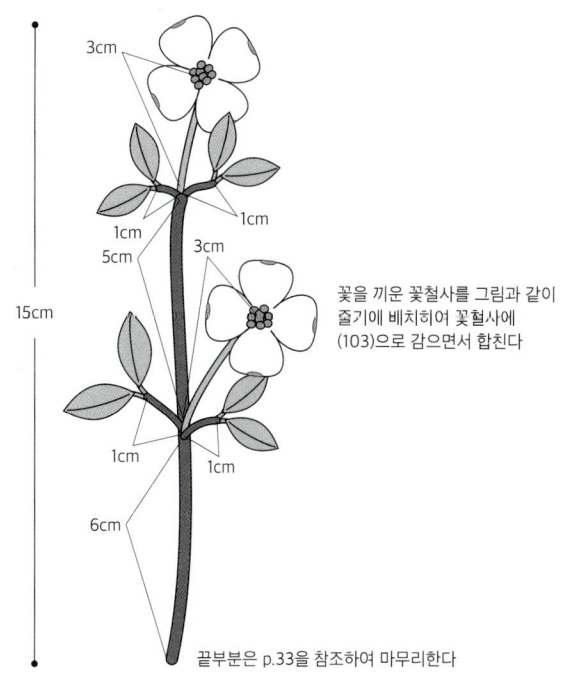

라일락 Photo … p.29

재료
실: DMC 에코 비타
보라 계열(407)·분홍 계열(410) 각 2타래, 갈색 계열(104)·초록 계열(706) 각 1타래
바늘: 레이스 코바늘 4호

그 밖의 재료
꽃철사 28호(18cm) 33줄, 24호 1줄, 시드 비즈(보라색·2mm) 30알, 접착제 적당량
완성 크기 그림 참조

꽃심 30줄

시드 비즈

28호 꽃철사에 비즈 1알을 끼우고 반으로 접은 것을 30줄 만든다

꽃봉오리 407 각 5장
            410

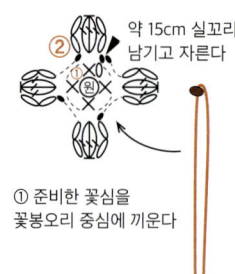

약 15cm 실꼬리를 남기고 자른다

① 준비한 꽃심을 꽃봉오리 중심에 끼운다

꽃봉오리 조립하는 방법

접착제
구슬뜨기의 뒷면
약 1cm
1.5cm

③ 꽃봉오리 안쪽에 접착제를 발라서 구슬뜨기가 서로 벌어지지 않게 붙인다
② 뜨개 끝에서 남겨 둔 실꼬리를 꽃심의 꽃철사에 1.5cm 감는다

꽃잎
407
410 각 10장

— = 1단
— = 2단

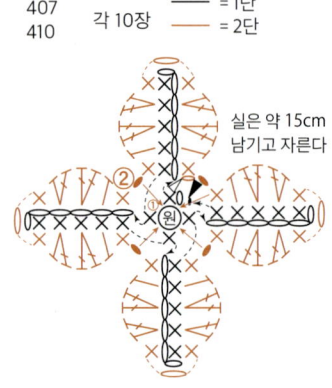

실은 약 15cm 남기고 자른다

꽃잎 뜨는 방법
① 원 기초코에 기둥코 사슬 1코를 뜨고, 짧은뜨기 1코, 사슬 5코, 기둥코 사슬, 짧은뜨기 5코를 4번 반복하고, 뜨개 끝은 기초코의 원에 빼뜨기를 한다 이때 기초코의 원은 조이지 않는다
② 2단은 뜨개도안을 따라서 1단에서 뜬 짧은뜨기 5코의 둘레에 꽃잎을 뜨고, 원 기초코에 빼뜨기를 하고, 다음 꽃잎을 뜬다

꽃 조립하는 방법

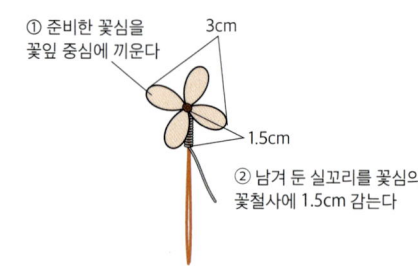

① 준비한 꽃심을 꽃잎 중심에 끼운다
3cm
1.5cm
② 남겨 둔 실꼬리를 꽃심의 꽃철사에 1.5cm 감는다

잎 706 3장

잎 뜨는 방법 (p.33 참조)
① 28호 꽃철사를 반으로 접는다
② 반으로 접은 28호 꽃철사를 짧은뜨기 24코로 감싼다
③ 1단의 뒤쪽 반 코를 주워서 뜬다
   1단의 남은 반 코를 주워서 뜬다
   3단의 뜨개도안을 참조하여 뜬다

실을 약 15cm 남기고 자른다

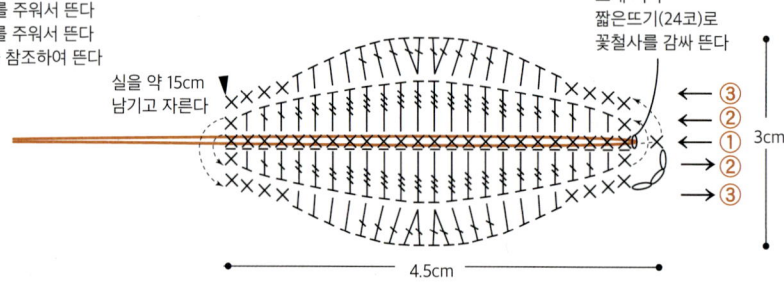

뜨개 시작
짧은뜨기(24코)로 꽃철사를 감싸 뜬다

→ ③
→ ②
→ ①
→ ②
→ ③

3cm

4.5cm

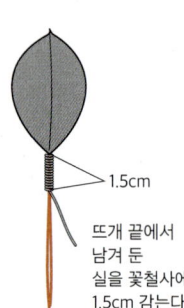

1.5cm

뜨개 끝에서 남겨 둔 실을 꽃철사에 1.5cm 감는다

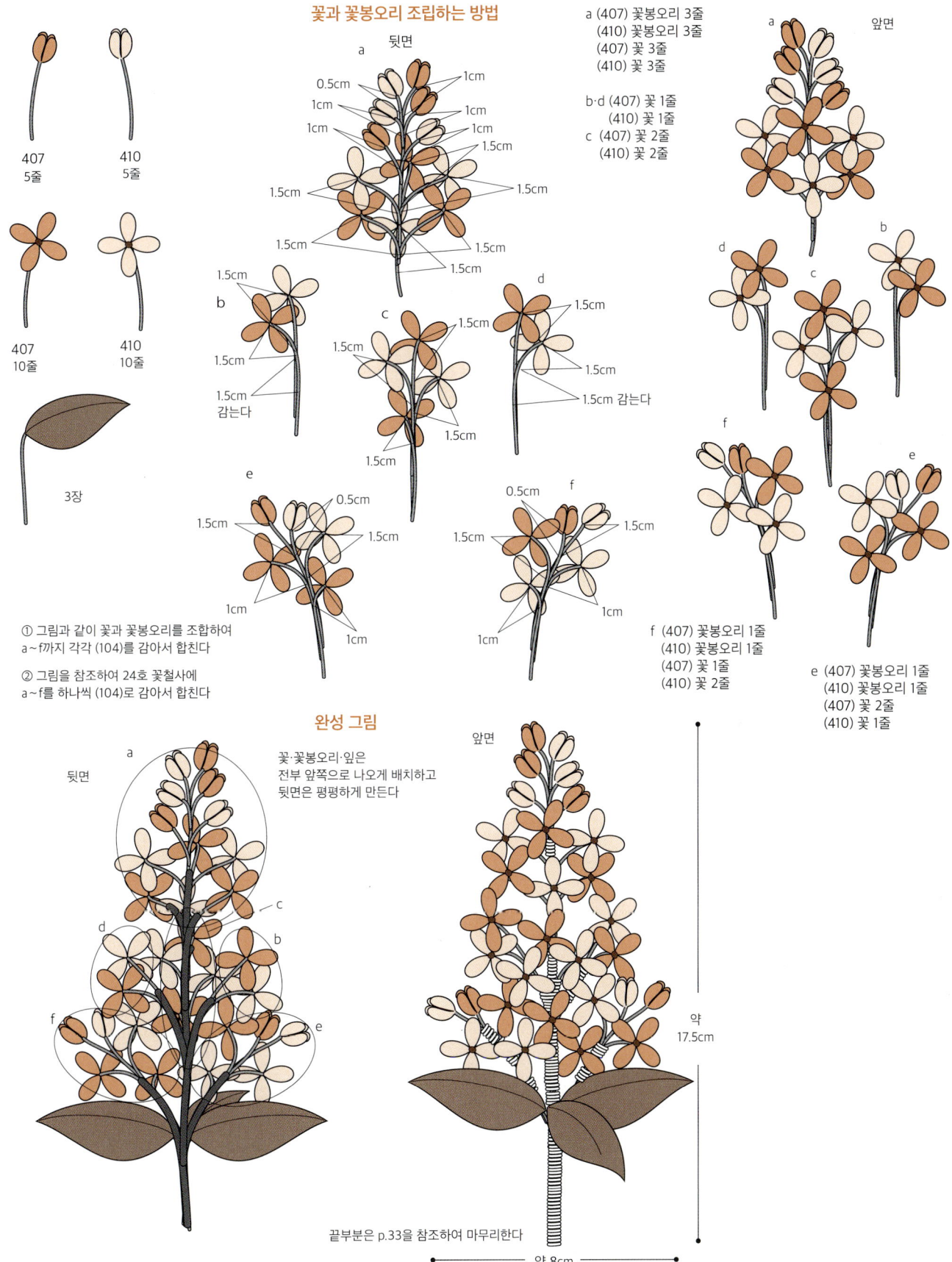

블랙베리 Photo … p.30

재료
실: DMC 에코 비타
모스그린 계열(703) 2타래, 파랑 계열(608) 1.5타래, 빨강 계열(501)·연초록 계열(701) 각 1타래, 흰색 계열(001) 0.5타래
바늘: 레이스 코바늘 4호
그 밖의 재료
꽃철사 26호(18cm) 6줄, 28호(18cm) 8줄, 조화용 꽃술 6줄, 수예용 솜 조금, 접착제 적당량
완성 크기 그림 참조

꽃 조립하는 방법 2줄

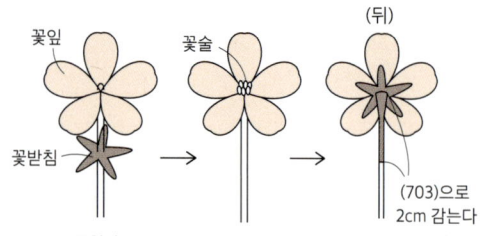

26호 꽃철사를 반으로 접어서 꽃잎과 꽃받침의 중심에 끼워 넣는다

반으로 접은 꽃술 3줄을 꽃잎의 중심에 끼운다

(703)으로 2cm 감는다

꽃봉오리 조립하는 방법

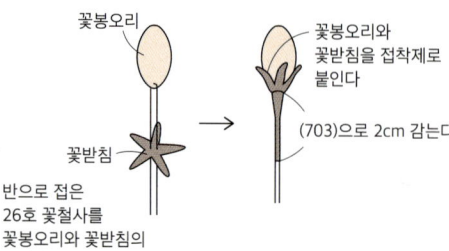

반으로 접은 26호 꽃철사를 꽃봉오리와 꽃받침의 중심에 끼워 넣는다

꽃봉오리와 꽃받침을 접착제로 붙인다

(703)으로 2cm 감는다

꽃잎 001 2장

 = 1단

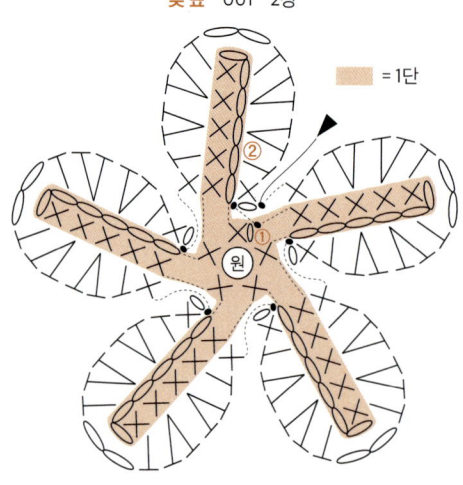

꽃봉오리 001

수예용 솜을 넣고 6단의 뒤쪽 반 코를 주워서 조인다(p.35 참조)

꽃받침 703 11장

사슬의 코산을 주워서 뜬다

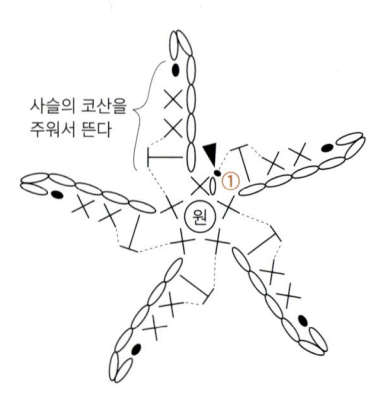

열매 701 2개 501 2개 608 4개

 = ①·②·③·④에 남은 앞쪽 반 코를 줍는다

※ 2~5단의 이랑뜨기는 전단의 뒤쪽 반 코를 줍는다
※ 6단은 앞쪽 반 코를 줍는다
※ 7~10단은 뜨개가 끝나면 다음 단으로 실을 보내서 뜬다

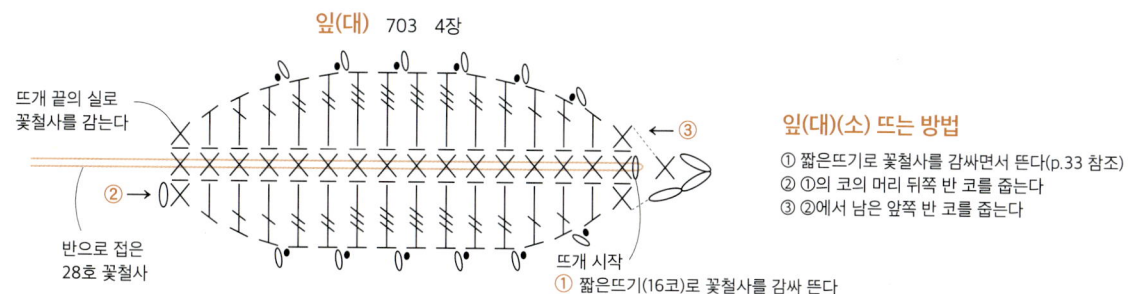

CROCHET FLOWERS BOOK　73

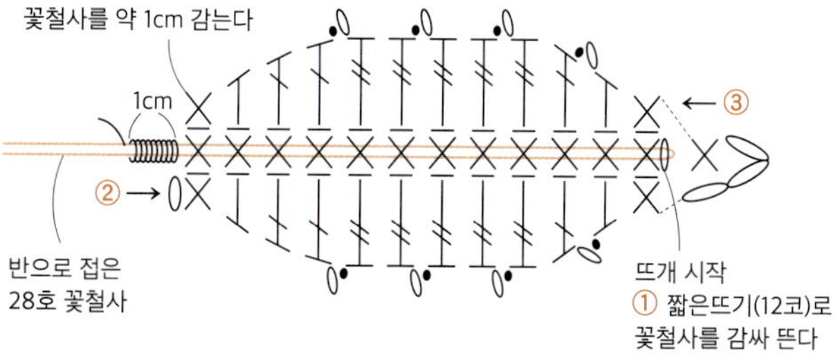

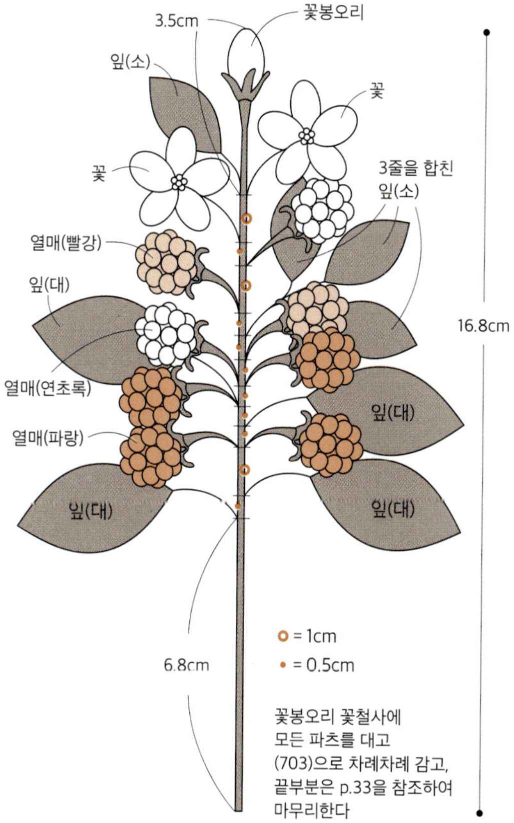

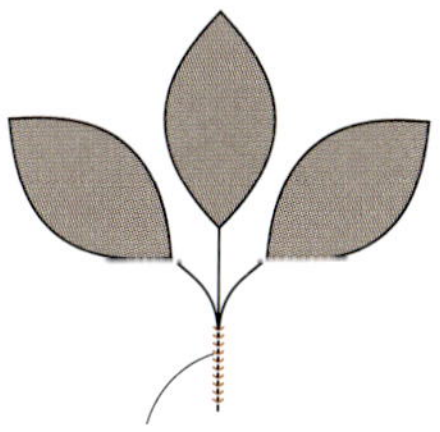

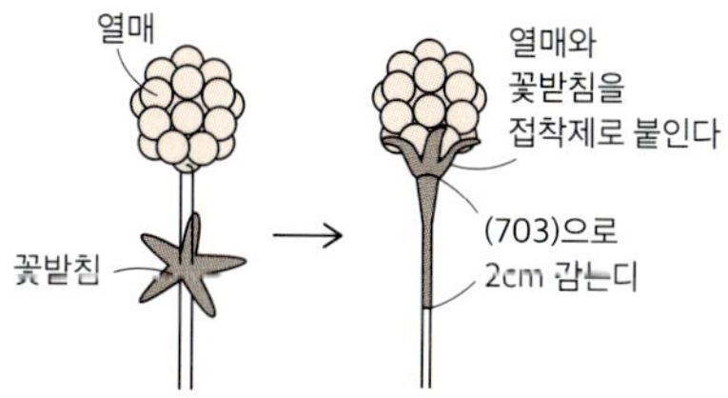

왁스플라워

Photo ··· p.31

재료

실: DMC 에코 비타
흰색 계열(001)·분홍 계열(402)·연분홍 계열(404)·초록 계열(706) 각 1타래, 연지색 계열(405)·올리브색 계열(704) 각 0.5타래, 노랑 계열(201) 조금

바늘: 레이스 코바늘 4호

그 밖의 재료
꽃철사 28호(18cm) 32줄, 시드 비즈(노란색·2㎜) 11알, 수예용 솜 조금, 접착제 적당량

완성 크기 그림 참조

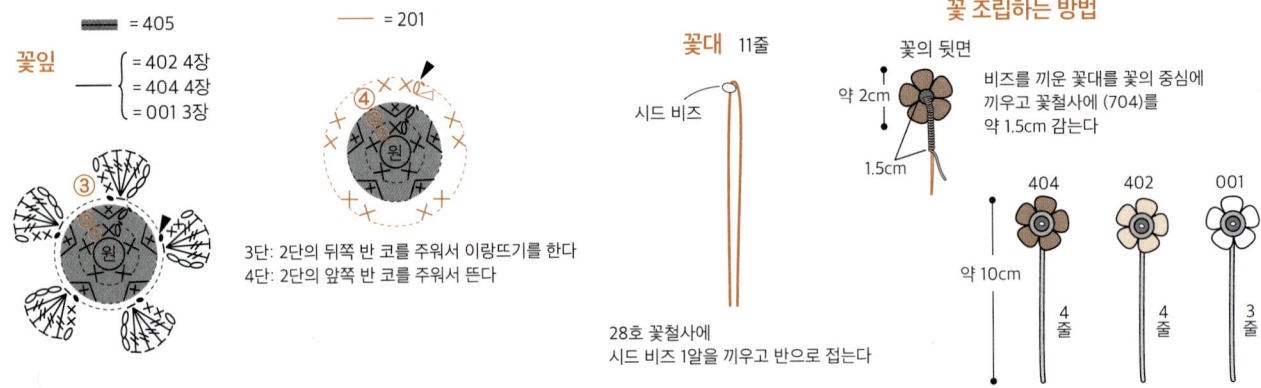

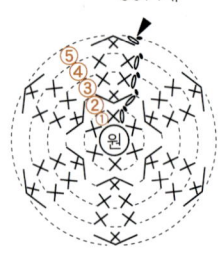

단수	콧수	증감코
5	6	−6
3·4	12	
2	12	+6
1	6	

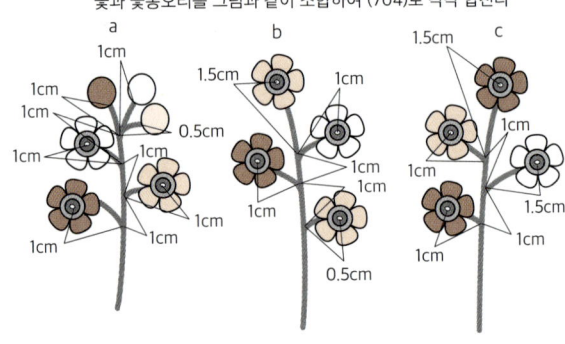

잎 706　18장

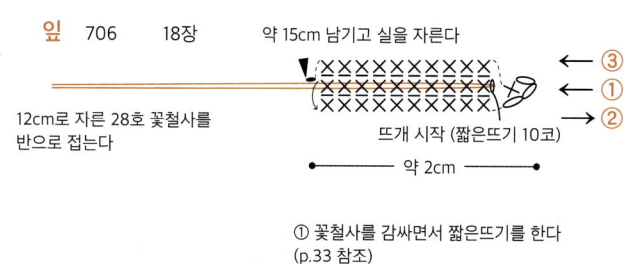

12cm로 자른 28호 꽃철사를 반으로 접는다

약 15cm 남기고 실을 자른다

뜨개 시작 (짧은뜨기 10코)

약 2cm

① 꽃철사를 감싸면서 짧은뜨기를 한다 (p.33 참조)
② 뜨개바탕을 돌려서 잡고 짧은뜨기의 이랑뜨기를 한다
③ ②에서 남은 반 코를 주워서 짧은뜨기를 한다

잎 조립하는 방법　3줄

그림과 같이 꽃철사에 잎을 2장씩 배치하여 뜨개 끝에서 남긴 실로 감는다

조립하는 방법

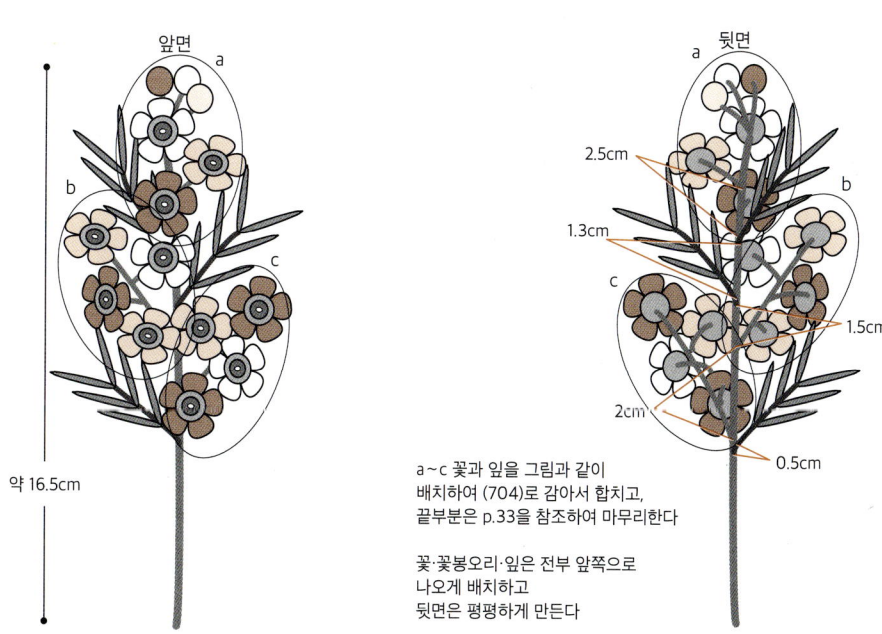

앞면 / 뒷면

약 16.5cm

a~c 꽃과 잎을 그림과 같이 배치하여 (704)로 감아서 합치고, 끝부분은 p.33을 참조하여 마무리한다

꽃·꽃봉오리·잎은 전부 앞쪽으로 나오게 배치하고 뒷면은 평평하게 만든다

CROCHET FLOWERS BOOK　75

Basic Lesson 코바늘뜨기의 기초

기호 도안 보는 방법

기호 도안은 전부 뜨개바탕의 앞면 기준으로 일본공업규격(JIS)에서 정하고 있다. 코바늘뜨기에서는 겉면 코와 안면 코의 구별이 없고(걸어뜨기 제외), 앞쪽과 뒤쪽을 번갈아 보며 뜨는 평면뜨기에서도 기호의 표시는 같다.

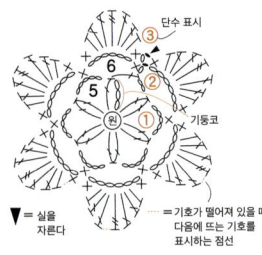

중심에서부터 원형으로 뜰 때
중심에서 원(또는 사슬코)을 만들어서 한 단씩 원을 그리듯이 뜬다. 각 단을 시작할 때 기둥코를 만들어서 뜬다. 일반적으로 뜨개바탕의 앞쪽을 보고, 기호 도안을 오른쪽에서 왼쪽으로 보면서 뜬다.

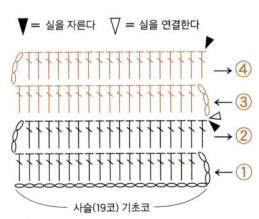

평면으로 뜰 때
좌우에 기둥코가 있다. 오른쪽에 기둥코가 있을 때는 앞면을 보고, 기호 도안을 오른쪽에서 왼쪽으로 보면서 뜬다. 왼쪽에 기둥코가 있을 때는 뒷면을 보고, 기호 도안을 왼쪽에서 오른쪽으로 보면서 뜬다.

사슬코 보는 방법

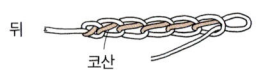

사슬코에는 앞뒤가 있다. 뒤쪽 중앙에 있는 1줄을 사슬의 '코산'이라고 한다.

실과 코바늘 잡는 방법

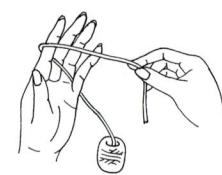
1. 실을 왼손 새끼손가락과 넷째 손가락 사이에서 앞쪽으로 빼서 집게손가락에 걸고 실꼬리를 앞쪽으로 뺀다.

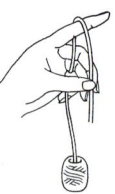
2. 엄지손가락과 가운뎃손가락으로 실꼬리를 잡고 집게손가락을 세워서 실을 팽팽하게 편다.

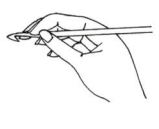
3. 코바늘은 엄지손가락과 집게손가락으로 잡고 코바늘 끝에 가운뎃손가락을 가볍게 댄다.

첫 코 만드는 방법

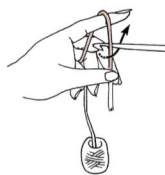
1. 코바늘을 실의 뒤쪽에서 화살표와 같이 회전시킨다.

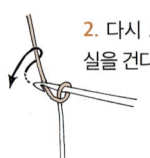
2. 다시 코바늘 끝에 실을 건다.

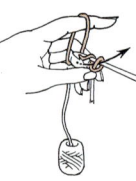
3. 원 안으로 통과시켜 고리를 앞쪽으로 뺀다.

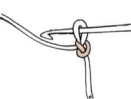
4. 실꼬리를 당겨서 코를 조이면 첫 코 완성(이 코는 1코로 세지 않는다).

기초코

중심에서부터 원형으로 뜰 때
(실꼬리로 원 만들기)

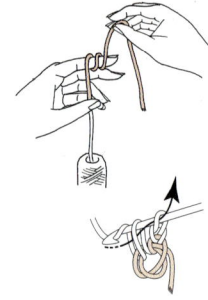
1. 왼손 집게손가락에 실을 2번 감아서 원을 만든다.

2. 손가락에서 원을 빼서 손으로 잡고, 원 안에 코바늘을 넣어 실을 걸고 앞쪽으로 뺀다.

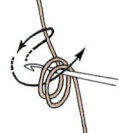
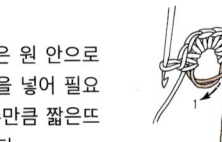
3. 다시 코바늘 끝에 실을 걸어서 빼고 기둥코 사슬을 1코 뜬다.

4. 1단은 원 안으로 코바늘을 넣어 필요한 콧수만큼 짧은뜨기를 한다.

5. 잠시 코바늘을 빼고, 처음에 만든 원의 실(1)과 실꼬리(2)를 당겨서 원을 조인다.

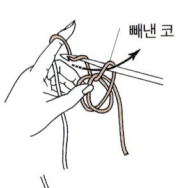
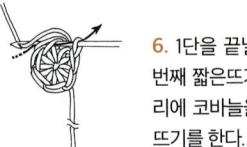
6. 1단을 끝낼 때는 첫 번째 짧은뜨기 코의 머리에 코바늘을 넣고 빼뜨기를 한다.

중심에서부터 원형으로 뜰 때
(사슬로 원 만들기)

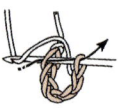
1. 필요한 콧수만큼 사슬을 뜨고 첫 사슬의 반 코에 코바늘을 넣고 빼뜨기를 한다.

2. 코바늘 끝에 실을 걸어서 뺀다. 이것이 기둥코 사슬이 된다.

3. 1단은 원 안으로 코바늘을 넣어 사슬 다발을 주워 떠서 필요한 콧수만큼 짧은뜨기를 한다.

4. 1단을 끝낼 때는 첫 번째 짧은뜨기 코의 머리에 코바늘을 넣고 실을 걸어서 뺀다.

평면으로 뜰 때

1. 필요한 콧수의 사슬과 기둥코 분량의 사슬을 뜨고, 끝에서 2번째 사슬에 코바늘을 넣고 실을 걸어서 뺀다.

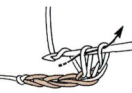
2. 코바늘 끝에 실을 걸고, 화살표와 같이 실을 걸어서 뺀다.

3. 1단을 뜬 모습(기둥코 사슬 1코는 1코로 세지 않는다).

CROCHET FLOWERS BOOK

전단의 코 줍는 방법

같은 구슬뜨기라도 기호 도안에 따라 코를 줍는 방법이 다르다. 기호의 아랫부분이 붙어 있을 때는 전단의 1코에 뜨고, 기호의 아랫부분이 떨어져 있을 때는 전단의 코를 다발로 주워서 뜬다.

1코에 뜨기

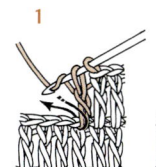

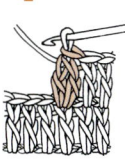
사슬뜨기를 다발로 주워서 뜨기

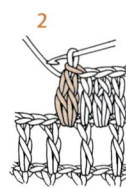

뜨개 기호

◯ 사슬뜨기

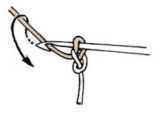

1. 첫 코를 만들고 '코바늘 끝에 실을 건다'.

2. 코바늘 끝에 건 실을 빼면 사슬코 완성.

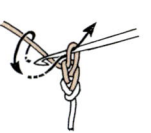

3. 같은 방법으로 1의 ' '안과 2를 반복해서 뜬다.

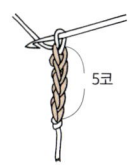

4. 사슬뜨기 5코 완성.

● 빼뜨기

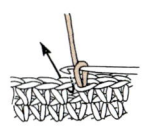

1. 전단의 코에 코바늘을 넣는다.

2. 코바늘 끝에 실을 건다.

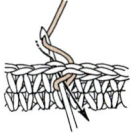

3. 실을 한 번에 뺀다.

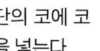

4. 빼뜨기 1코 완성.

✕ 짧은뜨기

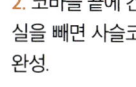

1. 전단의 코에 코바늘을 넣는다.

2. 코바늘 끝에 실을 걸어서 앞쪽으로 뺀다(이 상태를 미완성의 짧은뜨기라고 한다).

3. 다시 한번 코바늘 끝에 실을 걸고, 고리 2개를 한 번에 뺀다.

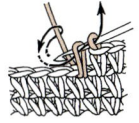

4. 짧은뜨기 1코 완성.

┬ 긴뜨기

1. 코바늘 끝에 실을 건 다음, 전단의 코에 코바늘을 넣는다.

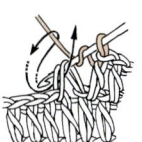

2. 다시 코바늘 끝에 실을 걸어 앞쪽으로 뺀다(이 상태를 미완성의 긴뜨기라고 한다).

3. 코바늘 끝에 실을 걸고, 고리 3개를 한 번에 뺀다.

미완성의 긴뜨기

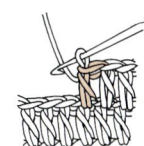

4. 긴뜨기 1코 완성.

╪ 한길 긴뜨기

1. 코바늘 끝에 실을 걸고 전단의 코에 코바늘을 넣고, 다시 실을 걸어 앞쪽으로 뺀다.

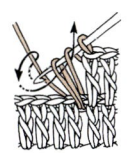

2. 화살표와 같이 코바늘 끝에 실을 걸고 고리 2개를 뺀다(이 상태를 미완성의 한길 긴뜨기라고 한다).

미완성의 한길 긴뜨기

3. 끝에 실을 걸고 나머지 고리 2개를 화살표와 같이 한 번에 뺀다.

4. 한길 긴뜨기 1코 완성.

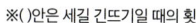

╪ 두길 긴뜨기 세길 긴뜨기

※( )안은 세길 긴뜨기일 때의 횟수

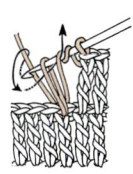

1. 코바늘 끝에 실을 2번(3번) 감은 다음, 전단에 코바늘을 넣고 다시 실을 걸어 고리를 앞쪽으로 뺀다.

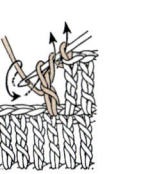

2. 화살표와 같이 코바늘 끝에 실을 걸고 고리 2개를 뺀다.

3. 같은 동작을 2번(3번) 더 반복한다. ※1번째가 끝난 시점의 상태를 미완성의 두길 긴뜨기라고 한다.

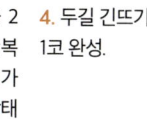

4. 두길 긴뜨기 1코 완성.

짧은 2코 모아뜨기

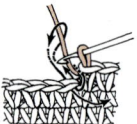  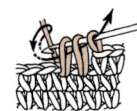 

1. 전단의 1코에 코바늘을 넣고 실을 걸어서 뺀다.
2. 다음 코에도 마찬가지로 코바늘을 넣고 실을 걸어서 뺀다.
3. 코바늘 끝에 실을 걸고 고리 3개를 한 번에 뺀다.
4. 짧은 2코 모아뜨기 완성. 전단보다 1코가 줄어든 상태.

 짧은 2코 늘려뜨기

  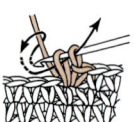 

1. 짧은뜨기 1코를 뜬다.
2. 같은 코에 다시 한번 코바늘을 넣고 실을 걸어서 앞쪽으로 뺀다.
3. 코바늘 끝에 실을 걸고 화살표와 같이 한 번에 뺀다.
4. 1코에 짧은뜨기 2코를 뜬 모습. 전단보다 1코가 늘어난 상태.

 짧은 3코 늘려뜨기

  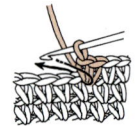 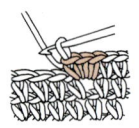

1. 짧은뜨기 1코를 뜬다.
2. 같은 코에 코바늘을 넣고 다시 짧은뜨기 1코를 뜬다.
3. 1코에 짧은뜨기 2코를 뜬 모습. 다시 같은 코에 짧은뜨기 1코를 뜬다.
4. 1코에 짧은뜨기 3코를 뜬 모습. 전단보다 2코가 늘어난 상태.

 사슬 3코 빼뜨기의 피코뜨기

1. 사슬 3코를 뜬다.
2. 짧은뜨기 머리의 반 코와 다리 1줄에 코바늘을 넣는다.
3. 코바늘 끝에 실을 걸고 화살표와 같이 한 번에 뺀다.
4. 사슬 3코 빼뜨기의 피코뜨기 완성.

 한길 긴 2코 모아뜨기

  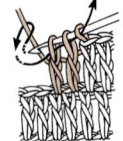 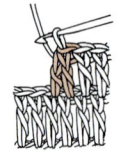

1. 미완성의 한길 긴뜨기(p.77 참조) 1코, 다음 코에도 실을 건 코바늘을 넣고 실을 뺀다.
2. 코바늘 끝에 실을 걸고 고리 2개를 빼서 2번째 미완성의 한길 긴뜨기를 뜬다.
3. 코바늘 끝에 실을 걸고 고리 3개를 한 번에 뺀다.
4. 한길 긴 2코 모아뜨기 완성. 전단보다 1코 줄어든 상태.

 한길 긴 2코 늘려뜨기

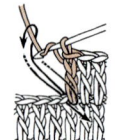 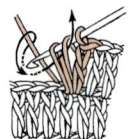 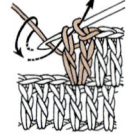 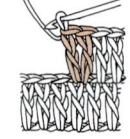

1. 한길 긴뜨기 1코를 뜬 같은 코에 다시 한길 긴뜨기를 뜬다.
2. 코바늘 끝에 실을 걸고 고리 2개를 뺀다.
3. 다시 한번 코바늘 끝에 실을 걸고 나머지 고리 2개를 뺀다.
4. 1코에 한길 긴뜨기 2코를 뜬 모습. 전단보다 1코 늘어난 상태.

 짧은뜨기의 이랑뜨기(평면)

※ 단이 바뀔 때마다 뜨개바탕의 방향을 바꾸면서 짧은뜨기의 이랑뜨기를 뜬다.

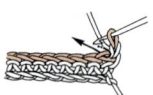 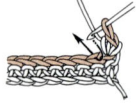  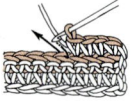

1. 전단 코의 뒤쪽 가로 실(반 코)에 화살표와 같이 코바늘을 넣는다.
2. 짧은뜨기를 뜨고 다음 코도 마찬가지로 뒤쪽 반 코에 코바늘을 넣는다.
3. 끝까지 떴으면 뜨개바탕의 방향을 바꾼다.
4. 1, 2와 마찬가지로 뒤쪽 반 코에 코바늘을 넣는다.

 짧은뜨기의 이랑뜨기(원형)

※ 모든 단을 같은 방향으로 진행하여 짧은뜨기의 이랑뜨기를 뜬다.

 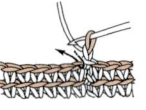 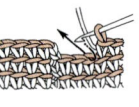 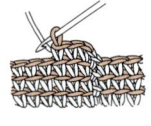

1. 모든 단을 앞면을 보면서 뜬다. 짧은뜨기를 한 바퀴 뜨고 첫 번째 코에 빼뜨기한다.
2. 기둥코 사슬 1코를 뜨고, 전단의 뒤쪽 가로 실(반 코)을 주워서 짧은뜨기를 뜬다.
3. 마찬가지로 2의 방법을 반복하여 짧은뜨기를 뜬다.
4. 전단의 앞쪽 반 코가 줄기 모양처럼 남는다. 짧은뜨기의 이랑뜨기로 3단을 뜬 모습.

한길 긴 5코의 팝콘뜨기

  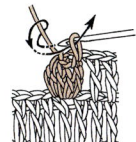 

1. 전단의 같은 코에 한길 긴뜨기 5코를 뜨고, 코바늘을 빼서 화살표 방향으로 넣는다.
2. 코를 코바늘 끝에 걸고 화살표와 같이 앞쪽으로 뺀다.
3. 다시 사슬뜨기 1코를 떠서 조인다.
4. 한길 긴 5코의 팝콘뜨기 완성.

한길 긴 앞걸어뜨기

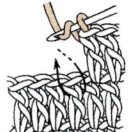 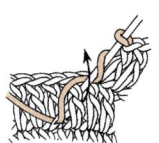 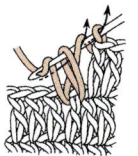 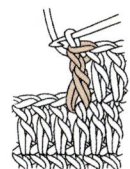

1. 코바늘에 실을 걸고, 전단의 한길 긴뜨기 다리에 화살표와 같이 코바늘을 넣는다.
2. 코바늘 끝에 실을 걸고, 실을 길게 뺀다.
3. 다시 한번 코바늘 끝에 실을 걸고 고리 2개를 뺀다. 같은 동작을 1번 더 반복한다.
4. 한길 긴 앞걸어뜨기 1코 완성.

한길 긴 3코 구슬뜨기

※ 콧수가 3코 이상이거나 한길 긴뜨기가 아닐 때에도 같은 방법으로 전단의 1코에 미완성의 지정한 기호를 지정한 콧수만큼 뜨고, 3과 같이 코바늘에 걸려 있는 고리를 한 번에 뺀다.

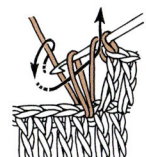  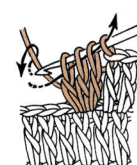 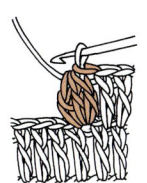

1. 전단의 코에 미완성의 한길 긴뜨기 1코를 뜬다.
2. 같은 코에 코바늘을 넣고, 이어서 미완성의 한길 긴뜨기 2코를 뜬다.
3. 코바늘 끝에 실을 걸고, 코바늘에 걸려있는 고리 4개를 한 번에 뺀다.
4. 한길 긴 3코 구슬뜨기 완성.

자수 스티치의 기초

스트레이트 스티치 **프렌치노트 스티치**

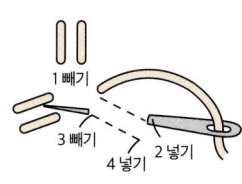 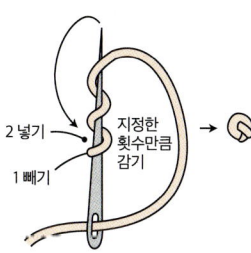

그 밖의 기초 Index

p.33
- 자수실 다루는 방법
- 꽃철사에 실 감는 방법
- 꽃에 꽃철사 붙이는 방법
- 짧은뜨기로 꽃철사를 감싸는 방법

p.34
- 1단을 되돌아가며 꽃철사를 감싸는 방법
- 기초코를 주워 짧은뜨기를 뜨면서 꽃철사를 감싸는 방법
- 앞쪽 반 코와 뒤쪽 반 코 줍는 방법

p.35
- 뜨개 볼 조이는 방법

"ECO VITA DE AMU KAGIBARIAMI YUUBI NA HANAZUKAN"
Copyright © E & G Creates Co., Ltd. 2024
All rights reserved.
Original Japanese edition published by E & G Creates Co., Ltd.
This Korean edition published by arrangement with E & G Creates Co., Ltd., Tokyo
in care of Tuttle-Mori Agency, Inc., Tokyo, through Botong Agency, Seoul.

이 책의 한국어판 저작권은 Botong Agency를 통한 저작권자와의 독점 계약으로 한스미디어가 소유합니다.
신 저작권법에 의하여 한국 내에서 보호를 받는 저작물이므로 무단전재와 무단복제를 금합니다.

생화의 아름다움과 감성을 그대로, 에코비타 손뜨개 플라워 24
코바늘로 뜨는 우아한 손뜨개 꽃

1판 1쇄 인쇄 | 2025년 9월 25일
1판 1쇄 발행 | 2025년 10월 13일

지은이 애플민트
옮긴이 강수현
펴낸이 김기옥

라이프스타일팀장 이나리
편집 장윤선, 김민주
마케터 이지수
지원 고광현, 김형식

디자인 부가트디자인
인쇄·제본 민언프린텍

펴낸곳 한스미디어(한즈미디어(주))
주소 04037 서울시 마포구 양화로 11길 13(서교동, 강원빌딩 5층)
전화 02-707-0337 | **팩스** 02-707-0198 | **홈페이지** www.hansmedia.com
출판신고번호 제 313-2003-227호 | **신고일자** 2003년 6월 25일

ISBN 979-11-94777-53-3 (13590)

· 책값은 뒤표지에 있습니다.
· 잘못 만들어진 책은 구입하신 서점에서 교환해 드립니다.
· 이 책에 게재되어 있는 작품을 복제하여 판매하는 것은 금지되어 있습니다.